W0178160

Langenscheidt

Spanisch
im Handgepäck

100 Wörter lernen – 500 Sätze sprechen

Langenscheidt

Berlin · München · Wien · Zürich · New York

Herausgegeben von der Langenscheidt-Redaktion
Autorin: Christina Sanchez

© 2010 by Langenscheidt KG, Berlin und München
Satz: Franzis print & media GmbH, München
Printed in Germany
ISBN 978-3-468-22604-5
www.langenscheidt.de

19010

Inhalt

Benutzerhinweise

- Dieser Sprachführer macht es Ihnen so leicht wie möglich, sich im spanischsprachigen Ausland zu verständigen: Sie lernen nur 100 Wörter, mit denen Sie über 500 Sätze sprechen und somit alle relevanten Reisesituationen meistern können! Um den größtmöglichen Nutzen aus diesem Buch zu ziehen, gehen Sie bitte wie folgt vor:

- Lernen Sie zunächst die 100 Wörter im nachfolgenden Hundertwortschatz. Diese wurden nicht alphabetisch geordnet, sondern in sinnhafte Gruppen gegliedert, um Ihnen das Einprägen zu erleichtern. Bei den Zeitwörtern finden Sie nur die Formen, die Sie später tatsächlich benötigen. Alle Formen eines Zeitworts sind in einem Eintrag zusammengefasst.

- Sie müssen nur 100 Wörter lernen, aber Ihr Grundwortschatz ist eigentlich schon viel breiter, denn aus den 100 Einzelwörtern kann man Zusammensetzungen bilden. Die wichtigsten dieser Wortkombinationen finden Sie bereits im Hundertwortschatz, weitere werden später in den Kapiteln in einem Sprachtipp oder einer Fußnote erklärt und sind auch im Wörterbuch am Ende dieses Bandes zu finden.

- Sowohl im Hundertwortschatz als auch in den einzelnen Kapiteln gibt es gelb eingerahmte Sprachtipps, die Ihnen die wichtigsten Regeln oder sprachlichen Besonderheiten des Spanischen anhand von Beispielen erläutern.

- Darüber hinaus informieren Sie die grün umrahmten Landestipps über bestimmte Gepflogenheiten in Spanien, die für deutschsprachige Besucher zunächst neu und ungewohnt sein könnten.

- In den einzelnen Kapiteln finden Sie – nach Themen geordnet – die wichtigsten Sätze und Ausdrücke, die Sie in der jeweiligen Situation sprechen oder auch verstehen möchten. Dabei handelt es sich bewusst um Sätze aus dem tatsächlich gesprochenen Alltagsspanisch.

  An einigen Stellen wurden die Sätze durch Bilder ergänzt; das jeweilige spanische Wort zum Bild ist jedoch direkt darunter angegeben und kann in den Satz (an der Stelle „…") eingesetzt werden.

- Das Wörterbuch ganz am Ende dieses Buches bietet Ihnen die Möglichkeit des alphabetischen Nachschlagens aller spanischen Begriffe. Im Wörterbuch finden Sie alle Wörter aus dem Hundertwortschatz, alle Bild-Wörter sowie alle festen Wendungen aus den Kapiteln.

- Damit Sie gleich erkennen können, ob eine spanische Form männlich oder weiblich ist, haben wir die Zeichen ♂ (für männlich) und ♀ (für weiblich) zur Kennzeichnung verwendet.

- In allen drei Teilen dieses Buches (Hundertwortschatz, Satzmuster zu den Reisesituationen, Wörterbuch) steht bei jedem spanischen Wort immer die vereinfachte Lautschrift, sodass Ihnen die Aussprache keine Mühe bereitet. Bei dieser Lautschrift wurde vom Deutschen ausgegangen, d. h. bis auf wenige Ausnahmen werden alle Buchstaben so ausgesprochen, wie Sie es vom Deutschen gewohnt sind.

  Bitte beachten Sie aber die folgenden Besonderheiten bzw. Sonderzeichen:

  ch   wird gesprochen wie das *ch* in *Bach*

  θ   wird gesprochen wie das englische *th* in *thing* (= gelispeltes stimmloses *ß*)

  ng   spricht man wie das *ng* in *Finger*, gefolgt von einem weiteren *g*

Bitte beachten Sie außerdem:

Der Buchstabe „h" wird im Spanischen nicht gesprochen.

Jeder Selbstlaut in der Lautschrift wird einzeln gesprochen; *ei* spricht man also wie das *ey* in *Hey!* (und nicht wie das *ei* in *dabei*).

Das Zeichen ' schließlich bedeutet, dass die nachfolgende Silbe betont ausgesprochen werden soll.

Hundertwortschatz

1 **sí** si ja

2 **no** no nein; nicht; kein/keine

3 **el** el der
  la la die (Einzahl)
  los ♂ los die (Mehrzahl); sie (Fürwort)
  las ♀ las die (Mehrzahl); sie (Fürwort)

4 **un** un ein
  una 'una eine

5 **este** 'este dieser
  estos ♂ 'estos diese (Mehrzahl)
  esta ♀ 'esta diese (Einzahl)
  estas ♀ 'estas diese (Mehrzahl)
  esto 'esto das hier, das da

Sprachtipp

Im Gegensatz zum Deutschen hat das Spanische nicht drei grammatische Geschlechter (männliches *der*, weibliches *die* und sächliches *das*), sondern nur zwei. Der männliche bestimmte Artikel heißt *el*, der weibliche *la*. In der Mehrzahl lauten diese Artikel *los* und *las*.
Bei den Formen *esto(s)* und *esta(s)* wird die Mehrzahl ganz regelmäßig durch Anhängen eines *-s* gebildet.

6 **yo** jo ich

7 **me** me mir/mich

8 **mi** mi mein/meine (Einzahl)

9	**tu** tu	dein/deine (Einzahl)
10	**te** te	dir/dich
11	**lo** lo	ihn/sie/es
12	**le** le	ihm/ihr/ihn; Ihnen/Sie
13	**usted** usˈteθ	Sie (Einzahl)
14	**su** su	sein/ihr; Ihr; seine/ihre; Ihre (Einzahl)
15	**se** se	sich; man
16	**nos** nos	uns
17	**en** en	in
18	**de** de	aus; von
19	**a** a	nach; zu
20	**con** kon	mit
21	**hasta** ˈasta	bis
22	**para** ˈpara	für; um zu
23	**por** por	für; während

Sprachtipp

Por bedeutet „für" in Sätzen wie *Gracias por todo* (Danke für alles.). Bei Zeitangaben hat es die Bedeutung „während": *por la mañana* (während des Morgens; am Morgen). In Verbindung mit *aquí* „hier" kann es als *por aquí* sowohl „hier in der Nähe" als auch „hier entlang" heißen. In Kombination mit *dónde* „wo" (*por dónde*) bedeutet es „wo entlang".

24	**y** i	und
25	**pero** ˈpero	aber
26	**muy** mui	sehr
27	**algo** ˈalgo	etwas
28	**nada** ˈnada	nichts
	de nada de ˈnada	bitte, gern geschehen
29	**otro** ˈotro	ein anderer/anderes; noch ein
30	**poco** ˈpoko	wenig
31	**menos** ˈmenos	weniger
32	**mucho** ˈmutscho	viel
33	**más** mas	mehr
34	**demasiado** demaˈsjado	zu viel, allzu
35	**todo** ˈtodo	alles
36	**uno** ˈuno	eins; einen/eines
37	**dos** dos	zwei

Sprachtipp

Weibliche Formen und die Mehrzahl werden von *mucho* ♂, *todo* ♂ und *otro* ♂ ebenso wie von den meisten anderen spanischen Eigenschaftswörtern so gebildet: Ersetzt man das *-o* am Ende von *mucho* durch ein *-a*, erhält man die weibliche Form *mucha* ♀. Für die Mehrzahl wird ein *-s* angehängt, dann erhält man *muchos* ♂ und *muchas* ♀.

38	**quién** kjen	wer
39	**qué** ke	was?, welcher/welche/welches? (Fragewort) wie …! (Ausruf)
40	**que** ke	als; was; der/die/das (bezügliches Fürwort), welcher/welche/welches (bezügliches Fürwort)
41	**cuándo** ˈkuando	wann
42	**cuánto** ˈkuanto	wie viel
	cuántos ˈkuantos	wie viele
43	**dónde** ˈdonde	wo
44	**cómo** ˈkomo	wie
45	**hoy** oi	heute
46	**mañana** maˈnjana	morgen
47	**ya** ja	schon
48	**luego** ˈluego	nachher
49	**tarde** ˈtarde	spät
50	**también** tamˈbjen	auch
51	**aquí** aˈki	hier
52	**cerca** ˈθerka	in der Nähe
53	**el día** el ˈdia	Tag
54	**la mañana** la maˈnjana	Morgen
55	**la tarde** la ˈtarde	Nachmittag; Abend

56	**la noche** la ˈnotsche	Nacht; Abend
57	**el año** el ˈanjo	Jahr
58	**el tiempo** el ˈtjempo	Zeit; Wetter
59	**la cama** la ˈkama	Bett
60	**la habitación** la abitaˈθjon	Zimmer
61	**el calor** el kaˈlor	Wärme; Hitze
62	**el regalo** el reˈgalo	Geschenk
63	**el favor** el faˈwor **por favor** por faˈwor	der Gefallen bitte

Sprachtipp

Bei spanischen Hauptwörtern, die auf *-o*, *-a* oder *-e* enden, bildet man die Mehrzahl, indem man ein *-s* anhängt – und das sieht dann so aus: *regalo – regalos*; *día – días*; *tarde – tardes*.
Wenn das spanische Hauptwort aber auf einen Mitlaut wie *l, n, r, z* usw. endet, so entsteht die Mehrzahl durch das Anhängen von *-es*, wie z. B. bei *habitación – habitaciones*.
Übrigens sind die meisten Wörter, die auf *-o* enden, männlich und die meisten, die auf *-a* enden, weiblich.

64	**bueno** ˈbueno	gut
65	**mejor** meˈchor	besser
66	**bien** ˈbjen	gut (Umstandswort)
67	**mal** mal	schlecht (Umstandswort)

| 68 | **bonito** bo'nito | schön |
| 69 | **grande** 'grande | groß |

Sprachtipp

Die Eigenschaftswörter müssen im Spanischen immer zu den Hauptwörtern, zu denen sie gehören, in Geschlecht (männlich oder weiblich) und Zahl (Einzahl oder Mehrzahl) passen: *El regalo es bonito* (Das Geschenk ist schön.), aber *La cama es bonita* (Das Bett ist schön.) und *Los regalos son bonitos* (Die Geschenke sind schön.).

Wenn „gut" als Umstandswort gebraucht wird, also zum Zeitwort gehört, wird es übrigens nicht mit *bueno* übersetzt, sondern immer mit *bien*: *Estoy bien* (Mir geht es gut.).

70	**ser** ser	sein
	soy soi	ich bin
	eres 'eres	du bist
	es es	er/sie/es ist; Sie sind (Einzahl)
	somos 'somos	wir sind
	son son	sie sind
71	**estar** es'tar	sein
	estoy es'toi	ich bin
	estás es'tas	du bist
	está es'ta	er/sie/es ist; Sie sind (Einzahl)
	estamos es'tamos	wir sind

72 **hacer** aˈθer	tun, machen
hago ˈago	ich mache
haces ˈaθes	du machst
hace ˈaθe	er/sie/es macht;
	Sie machen (Einzahl)
hacemos aˈθemos	wir machen
73 **poder** poˈder	können; dürfen
puedo ˈpuedo	ich kann
podría poˈdria	ich könnte, er/sie/es
	könnte; Sie könnten
	(Einzahl)
puedes ˈpuedes	du kannst
podrías poˈdrias	du könntest
puede ˈpuede	er/sie/es kann;
	Sie können (Einzahl)
podemos poˈdemos	wir können
74 **querer** keˈrer	mögen; wollen; lieben
quiero ˈkjero	ich möchte
quieres ˈkjeres	du möchtest
quiere ˈkjere	er/sie/es möchte;
	Sie möchten (Einzahl)
queremos keˈremos	wir möchten

75 **tener** te'ner — haben
    tengo 'tengo — ich habe
    tienes 'tjenes — du hast
    tiene 'tjene — er/sie/es hat; Sie haben (Einzahl)
    tenemos te'nemos — wir haben

Sprachtipp

In Verbindung mit nachgestelltem *que* bedeutet *tener* „müssen": *Tengo que comer algo* (Ich muss etwas essen.).

76 **necesito** neθe'sito — ich brauche
    necesitamos neθesi'tamos — wir brauchen

77 **ir** ir — gehen; fahren
    voy woi — ich gehe
    vas was — du gehst
    va wa — er/sie/es geht; Sie gehen (Einzahl)
    vamos 'wamos — wir gehen

Sprachtipp

Ursprünglich bedeutet *ir* „gehen". In Verbindung mit *a* und einem zweiten Zeitwort in der Grundform wird es aber auch verwendet, um über die Zukunft zu sprechen: *Voy a comer algo* bedeutet dann „Ich werde etwas essen".

78 **comer** ko'mer — essen
    come 'kome — er/sie/es isst; Sie essen (Einzahl)

79 **ver** wer   sehen; treffen
     veo weo   ich sehe
     ves wes   du siehst
     vemos ˈwemʊs   wir sehen

80 **vivir** wiˈwir   leben
     vivo ˈwiwo   ich lebe
     vives ˈwiwes   du lebst
     vive ˈwiwe   er/sie/es lebt; Sie leben
                               (Einzahl)
     vivimos wiˈwimos   wir leben

81 **me llamo** me ˈjamo   ich heiße
     te llamas te ˈjamas   du heißt
     se llama se ˈjama   er/sie/es heißt;
                               Sie heißen (Einzahl)

82 **comprar** komˈprar   kaufen
     compro ˈkompro   ich kaufe

83 **gusta** ˈgusta   er/sie/es gefällt
     gustas ˈgustas   du gefällst
     gustaría gustaˈria   er/sie/es würde gefallen

84 **entrar** enˈtrar   hineingehen

85 **pagar** paˈgar   (be)zahlen

86 **ayudar** ajuˈdar   helfen

87 **beber** beˈber   trinken

88 **dormir** dorˈmir   schlafen

89 **cuesta** ˈkuesta   es kostet
     cuestan ˈkuestan   sie kosten

90 **duele** ˈduele   es tut weh

91 **hay** ai   es gibt
     hay que ˈai ke   man muss

92 **he** e	ich bin; ich habe [Hilfszeitwort für die Vergangenheit]
hemos ˈemos	wir sind; wir haben
93 **perdido** perˈdido	verloren; verirrt
94 **roto** ˈroto	kaputt; gebrochen
95 **estado** esˈtado	gewesen

Sprachtipp

Mit den Hilfszeitwörtern *he/hemos* und Formen wie *perdido* (verloren), *roto* (kaputt) oder *estado* (gewesen) haben Sie eine Möglichkeit, über die Vergangenheit zu sprechen: *He roto…* bedeutet „Ich habe … kaputt gemacht".

96 **Hola.** ˈola	Hallo.
97 **Adiós.** aˈdjos	Auf Wiedersehen./ Tschüs.
98 **Gracias.** ˈgraθias	Danke.
99 **Perdón.** perˈdon	Entschuldigung.
100 **Alemania*** aleˈmania	Deutschland

---

* Lernen Sie bitte nur entsprechend Ihrem Herkunftsland:

| **Austria** ˈaustria | Österreich |
| **Suiza** ˈsuiθa | Schweiz |

Von Mensch zu Mensch

Jemanden begrüßen

Die folgende Begrüßung passt zu jeder Tages- und Nachtzeit. Sie können damit Menschen begrüßen, die Sie duzen oder siezen:

Hola. ˈola — Hallo./Guten Tag/Morgen/Abend.

Hola a todos. ♂
ˈola a ˈtodos — Hallo allerseits.

Hola a todas. ♀
ˈola a ˈtodas — Hallo allerseits.

> ### Sprachtipp
> Während sich die männliche Form *todos* („alle"; hier im Sinne von „allerseits") nicht nur auf rein männliche, sondern auch auf gemischte Gruppen beziehen kann, verwendet man die weibliche Form *todas* nur bei rein weiblichen Gruppen.

Etwas spezifischer können Sie auch sagen:

Buenos días. ˈbuenos ˈdias — Guten Morgen/Tag.

Buenas tardes.
ˈbuenas ˈtardes — Guten Tag/Abend.

Buenas noches.
ˈbuenas ˈnotsches — Gute Nacht.

Sich verabschieden

So können Sie sich verabschieden:

Adiós. aˈdjos	Auf Wiedersehen./Tschüs.
Adiós a todos. ♂ aˈdjos a ˈtodos	Auf Wiedersehen allerseits.
Adiós a todas. ♀ aˈdjos a ˈtodas	Auf Wiedersehen allerseits.
Hasta luego. ˈasta ˈluego	Bis später.
Adiós, hasta luego. aˈdjos ˈasta ˈluego	Tschüs, bis später.
¡Nos vemos! ˈnos ˈwemos	Man sieht sich!

So können Sie sich noch genauer verabschieden:

¡Hasta mañana! ˈasta maˈnjana — Bis morgen!

¡Hasta esta tarde! ˈasta ˈesta ˈtarde — Bis heute Nachmittag/Abend!

¡Hasta esta noche! ˈasta ˈesta ˈnotsche — Bis heute Abend/Nacht!

¡Hasta mañana por la tarde! ˈasta maˈnjana por la ˈtarde — Bis morgen Nachmittag/Abend!

¡Hasta mañana por la noche! ˈasta maˈnjana por la ˈnotsche — Bis morgen Abend/Nacht!

¡Hasta la una! ˈasta la ˈuna — Bis um eins!

¡Hasta las dos! ˈasta las ˈdos — Bis um zwei!

¡Hasta las… [Zahl]! ˈasta las — Bis um …!

Weitere Zahlen zum Einsetzen finden Sie auf Seite 109.

¡Hasta mañana a la una! ˈasta maˈnjana a la ˈuna — Bis morgen um eins!

¡Hasta mañana a las dos de la tarde! ˈasta maˈnjana a las ˈdos de la ˈtarde — Bis morgen Nachmittag um zwei!

¡Hasta el …! ˈasta el — Bis …!

Die Wochentage zum Einsetzen finden Sie auf Seite 111.

Landestipp

In Spanien geht man abends sehr viel später aus als in Deutschland. So kann es vorkommen, dass vor Mitternacht noch nicht viel los ist. Wenn Sie das spanische Nachtleben also genießen möchten, ist eine *siesta* (Mittagsschlaf) sehr zu empfehlen – zumal es im Sommer am Nachmittag ohnehin meist zu heiß ist, um etwas zu unternehmen.

Und noch ein netter Gruß zum Abschied:

¡Todo lo mejor!*   Alles Gute!
ˈtodo lo meˈchor

¡Buen día! ˈbuen ˈdia   Schönen Tag noch!

Sprachtipp

Wenn das Eigenschaftswort *bueno* (gut) <u>vor</u> (und nicht hinter) einem Hauptwort steht, fällt bei ihm das *-o* am Ende weg, wie z. B. oben in *buen día* (schönen Tag) oder in *buen tiempo* (schönes Wetter).

---

* Achtung feste Wendung:
   ¡Todo lo mejor! ˈtodo lo meˈchor   Alles Gute!

Sich vorstellen

So können Sie sich nach dem Namen Ihres Gegenübers erkundigen:

¿Cómo te llamas?
ˈkomo te ˈjamas

Wie heißt du?

¿Cómo se llama usted?
ˈkomo se ˈjama usˈteθ

Wie heißen Sie?

So können Sie auf die Frage nach Ihrem Namen antworten und sich und andere vorstellen:

Yo soy... ˈjo ˈsoi

Ich bin/heiße …

Soy... soi

Ich bin/heiße …

Me llamo... me ˈjamo

Ich heiße …

Este es... [Name] ♂
ˈeste es

Das ist …

Esta es... [Name] ♀
ˈesta es

Das ist …

> ### Sprachtipp
>
> Im Spanischen lässt man meistens das persönliche Fürwort weg, denn es ist bereits in der jeweiligen Form des Zeitworts enthalten. So kann man zwar sagen *Yo soy…* (Ich bin …); üblicher ist jedoch, nur zu sagen *Soy…*

Sich bedanken und Komplimente machen

Auf Reisen kommt es oft vor, dass man sich bedanken möchte. Dann sagt man:

Gracias. ˈgraθias   Danke.

Muchas gracias.   Vielen Dank.
ˈmutschas ˈgraθias

Die passende Entgegnung lautet:

De nada. de ˈnada   Bitte./Gern geschehen.

Etwas ausführlicher können Sie sich auch so bedanken:

Muchas gracias por…   Vielen Dank für …
ˈmutschas ˈgraθias por

el café   **la cerveza**   **el vino**
el kaˈfe   la θerˈweθa   el ˈwino

Muchas gracias por todo.   Vielen Dank für alles.
ˈmutschas ˈgraθias por ˈtodo

Muchas gracias por todo esto.   Vielen Dank für all das.
ˈmutschas ˈgraθias por ˈtodo
ˈesto

Gracias a todos. ♂   Danke euch/Ihnen allen.
ˈgraθias a ˈtodos

Muchas gracias a todas. ♀ ˈmutschas ˈgraθias a ˈtodas	Vielen Dank euch/Ihnen allen.
Gracias por tu regalo. ˈgraθias por tu reˈgalo	Danke für dein Geschenk.
Muchas gracias por su regalo. ˈmutschas ˈgraθias por su reˈgalo	Vielen Dank für Ihr Geschenk.
Gracias por pagar. ˈgraθias por paˈgar	Danke fürs Zahlen.
Gracias por poder estar aquí. ˈgraθias por poˈder esˈtar aˈki	Danke, dass ich hier sein kann./Danke, dass wir hier sein können.

Sprachtipp

Meist heißt das deutsche Wort „für" auf Spanisch *para*: *Es para usted* (Das ist für Sie.).
Eine Ausnahme bildet jedoch der Begriff „danke für", denn hier verwendet man im Spanischen das Wort *por*: *Gracias por su regalo* (Danke für Ihr Geschenk.).

Gracias por los regalos. ˈgraθias por los reˈgalos	Danke für die Geschenke.
Muchas gracias por los regalos. ˈmutschas ˈgraθias por los reˈgalos	Vielen Dank für die Geschenke.
Gracias por todos estos regalos. ˈgraθias por ˈtodos ˈestos reˈgalos	Danke für all diese Geschenke.

Landestipp

Wenn man Sie, wie es unter Spaniern sehr üblich ist, in einer Bar zu einem Getränk eingeladen hat, sollten Sie sich bei der nächsten Runde revanchieren.

Bei einem gemeinsamen Essen ist es üblich, den Rechnungsbetrag einfach durch die Zahl der Anwesenden zu teilen, sodass alle gleich viel zahlen.

Das Eigenschaftswort *bonito/-a* lässt sich auf Vieles anwenden, was man Ihnen zeigen oder vorführen wird:

Es una… muy bonita.
es ˈuna… ˈmui boˈnita

Das ist eine sehr schöne …!

ciudad
θiuˈdaθ

iglesia
iˈglesia

¡Qué bonito! ♂ ˈke boˈnito

Das ist aber schön!

¡Qué regalo más bonito!
ˈke reˈgalo mas boˈnito

Was für ein schönes Geschenk!

Sprachtipp

Qué (wie) wird oft in Ausrufen verwendet: *¡Qué grande!* (Wie groß!). In Verbindung mit *más* (eigentlich: „mehr") hat es die Bedeutung „was für ein": *¡Qué regalo más bonito!* (Was für ein schönes Geschenk!).

Es un regalo muy bonito.
es un re'galo 'mui bo'nito

Das ist ein sehr schönes Geschenk.

Es una habitación muy bonita.
es 'una abita'θjon 'mui bo'nita

Das ist ein sehr schönes Zimmer.

Son regalos muy buenos.
son re'galos 'mui 'buenos

Das sind sehr gute Geschenke.

¿Dónde los puedo comprar? ♂
'donde los 'puedo kom'prar

Wo kann ich sie kaufen?

Sprachtipp

Wenn ein Artikel alleine, also ohne Hauptwort, <u>vor</u> einem Zeitwort steht, ersetzt er ein Hauptwort. Dann heißt es statt *Quiero la noche* (Ich mag die Nacht.): *La quiero* (Ich mag sie.), und statt *¿Dónde puedo comprar los regalos?* (Wo kann ich die Geschenke kaufen?) nur noch *¿Dónde los puedo comprar?* (Wo kann ich sie kaufen?).

Son… muy buenas. ♀
son… 'mui 'buenas

Das ist eine/sind sehr gute …

gafas de sol	**aletas**	**galletas**
'gafas de sol	a'letas	ga'jetas

¿Dónde las puedo comprar? ♀
'donde las 'puedo kom'prar

Wo kann ich sie kaufen?

Verständigungsprobleme lösen

Wenn Sie einmal jemanden nicht verstanden haben, können Sie darauf mit einer kurzen Frage aufmerksam machen:

¿Perdón? perˈdon	Entschuldigung?
¿Cómo? ˈkomo	Wie bitte?
¿Qué? ke	Was?

Wenn Sie einen Ausdruck o. Ä. in diesem Buch suchen müssen und das einen Moment dauert, können Sie sagen:

Perdón, necesito un poco de tiempo. perˈdon neθeˈsito un ˈpoko de ˈtjempo	Entschuldigung, ich brauche ein bisschen Zeit.
Perdón, necesito ver esto. perˈdon neθeˈsito ˈwer ˈesto	Entschuldigung, ich muss das hier nachschlagen.
Perdón, necesito tiempo para ver esto. perˈdon neθeˈsito ˈtjempo ˈpara ˈwer ˈesto	Entschuldigung, ich brauche Zeit, um das hier nachzuschlagen.

Sprachtipp

Para (für) wird auch vor Zeitwörtern, wie z. B. *ver* (sehen) verwendet. Dann bedeutet es „um zu": *para ver* (um zu sehen).

Está aquí. esˈta aˈki	Hier ist es.
No está aquí. ˈno esˈta aˈki	Hier ist es nicht.

Sprachtipp

Zur Verneinung wird im Spanischen einfach ein *no* vor das Zeitwort gestellt. So wird *Está aquí* (Hier ist es.) zu *No está aquí* (Hier ist es nicht.).

Worauf man Ihnen möglicherweise erwidern wird:

Hay tiempo. ˈai ˈtjempo   Es ist genug Zeit.

Tengo tiempo. ˈtengo ˈtjempo   Ich habe Zeit.

Sie können natürlich auch Ihren Wortschatz ausbauen, indem Sie neue Wörter dazulernen. Wenn Sie wissen möchten, wie ein bestimmter Gegenstand heißt, können Sie darauf zeigen und fragen:

¿Qué es? ˈke ˈes   Was ist das?

¿Qué es esto? ˈke es ˈesto   Was ist das da?

¿Cómo se llama?   Wie heißt das?
ˈkomo se ˈjama

¿Cómo se llama esto?   Wie heißt das da?
ˈkomo se ˈjama ˈesto

Falls Ihr Gegenüber plötzlich ohne ersichtlichen Grund erstaunt aussehen sollte, könnte es daran liegen, dass Sie etwas nicht ganz richtig gesagt haben. So können Sie sich nach dem Fehler erkundigen:

¿Qué está mal? ˈke esˈta ˈmal   Was ist falsch?

¿Está mal? esˈta ˈmal   Ist das falsch?

Sprachtipp

Im Spanischen bildet man Fragen mit einem Fragewort zu Beginn des Satzes, z. B. wie im obigen Satz mit *qué* (was). Ansonsten kann man aber auch einen normalen Aussagesatz mit fragender Stimme sprechen. Dadurch wird z. B. *Está mal* (Das ist falsch.) zu der Frage *¿Está mal?* (Ist das falsch?).

¿No está bien? ˈno esˈta ˈbjen	Ist das nicht richtig?
¿Algo no está bien? ˈalgo no esˈta ˈbjen	Ist etwas nicht richtig?
¿Qué no está bien? ˈke no esˈta ˈbjen	Was ist nicht richtig?

Falls Sie den Verdacht haben, dass ein von Ihnen verwendetes Wort nicht korrekt war, können Sie auf den Gegenstand zeigen, von dem Sie sprechen möchten, und fragen:

¿… [Wort wiederholen] no está bien? ˈno esˈta ˈbjen	Ist … nicht richtig?
¿No es un… [Wort]? ˈno es un	Ist das kein …?
¿Esto no es un… [Wort]? ˈesto ˈno es un	Ist das da kein …?
¿Esto no es una… [Wort]? ˈesto ˈno es ˈuna	Ist das da keine …?
¿No se llama… [Wort]? ˈno se ˈjama	Heißt das nicht …?
¿Esto no se llama… [Wort]? ˈesto ˈno se ˈjama	Heißt das da nicht …?

Smalltalk

Das Befinden

Die Frage nach dem Befinden des Gesprächspartners gehört bei Freunden, Freundinnen und Bekannten mit zum Gruß. Man erwartet darauf aber keine ausführliche Auskunft.

¿Cómo estás?	ˈkomo esˈtas	Wie geht es dir?
¿Cómo está?	ˈkomo esˈta	Wie geht es Ihnen?

> ### Landestipp
>
> Im Spanischen gibt es wie im Deutschen eine Du-Form – z. B. *haces* „du machst" – und eine höflichere Sie-Form – z. B. *hace* „Sie machen" –, wobei man sich allerdings etwas leichter duzt als im Deutschen.

In der Regel antwortet man auf die Frage nach dem Befinden positiv, genau wie im Deutschen:

Bien. ˈbjen	Gut.
Muy bien. ˈmui ˈbjen	Sehr gut.
Muy bien, gracias. ˈmui ˈbjen ˈgraθias	Sehr gut, danke.
Bien, gracias. ˈbjen ˈgraθias	Gut, danke.
Estoy bien, gracias. esˈtoi ˈbjen ˈgraθias	Es geht mir gut, danke.
Estamos bien, gracias. esˈtamos ˈbjen ˈgraθias	Es geht uns gut, danke.

No podría ir mejor. no po'dria ir me'chor	Es könnte nicht besser gehen.
¿Y usted? i us'teθ	Und wie geht es Ihnen?

Aber natürlich kann die Antwort auch einmal weniger gut ausfallen:

No muy bien. 'no mui 'bjen	Nicht sehr gut.
No demasiado bien. 'no dema'sjado 'bjen	Nicht allzu gut.
Mal. mal	Schlecht.
Muy mal. mui 'mal	Sehr schlecht.
Podría ir mejor. po'dria ir me'chor	Es könnte besser gehen.
Podría ir mucho mejor. po'dria 'ir 'mutscho me'chor	Es könnte viel besser gehen.

Wenn Sie wissen, dass es jemandem in letzter Zeit nicht so gut ging, können Sie auch genauer nachfragen:

¿Cómo estás hoy? 'komo es'tas 'oi	Wie geht es dir heute?
¿Cómo está hoy? 'komo es'ta 'oi	Wie geht es Ihnen heute?
¿Estás mejor? es'tas me'chor	Geht es dir besser?
¿Ya está mejor? 'ja es'ta me'chor	Geht es Ihnen schon besser?
¿Estás mejor hoy? es'tas me'chor 'oi	Geht es dir heute besser?

Dann lautet die Antwort hoffentlich:

Mejor. me'chor

Besser.

Sí, estoy mejor.
'si es'toi me'chor

Ja, es geht mir besser.

Ya estamos mejor.
'ja es'tamos me'chor

Es geht uns schon besser.

Hoy estoy mejor.
'oi es'toi me'chor

Heute geht es mir besser.

Estoy mucho mejor.
es'toi 'mutscho me'chor

Es geht mir viel besser.

Hoy ya estoy mucho mejor.
'oi ja es'toi 'mutscho me'chor

Heute geht es mir schon viel besser.

Falls noch keine Besserung eingetreten sein sollte, können Sie versuchen, Ihr Gegenüber etwas aufzumuntern:

Con el tiempo va a ir mejor.
kon el 'tjempo wa a 'ir me'chor

Mit der Zeit wird es besser gehen.

Sprachtipp

Ursprünglich bedeutet *ir* „gehen". In Verbindung mit *a* und einem zweiten Zeitwort in der Grundform wird es aber auch verwendet, um über die Zukunft zu sprechen: *Mañana va a ser mejor* heißt dann folglich „Morgen wird es besser sein".

Herkunft

Gerade im Urlaub ist die Frage, wo man herkommt, meist eine der ersten. Sie können sie folgendermaßen stellen und beantworten:

¿De dónde eres?
de ˈdonde ˈeres

Woher kommst du?

¿De dónde es usted?
de ˈdonde es usˈteθ

Woher kommen Sie?

Soy de Alemania.*
ˈsoi de aleˈmania

Ich bin aus Deutschland.

Somos de Alemania.
ˈsomos de aleˈmania

Wir sind aus Deutschland.

¿Y de dónde en Alemania?
i de ˈdonde en aleˈmania

Und woher in Deutschland?

Soy de… [Name der Stadt]
ˈsoi de

Ich bin aus …

Somos de… [Stadt]
ˈsomos de

Wir sind aus …

¿Dónde vives?
ˈdonde ˈwiwes

Wo lebst du?

¿Dónde vive usted?
ˈdonde ˈwiwe usˈteθ

Wo leben Sie?

Vivo en… [Stadt] ˈwiwo en

Ich lebe in …

Vivimos en… [Stadt]
wiˈwimos en

Wir leben in …

---

* **Austria** ˈaustria   Österreich
    Suiza ˈsuiθa   Schweiz

¿No es cerca de… [Stadt] no es ˈθerka de	Ist das nicht in der Nähe von …?
Sí, es cerca de… [Stadt] ˈsi es ˈθerka de	Ja, das ist in der Nähe von …
Sí, es muy cerca de… [Stadt] ˈsi es mui ˈθerka de	Ja, das ist ganz in der Nähe von …
No, no es cerca de… [Stadt] ˈno no es ˈθerka de	Nein, das ist nicht in der Nähe von …
Vivo cerca de… [Stadt] ˈwiwo ˈθerka de	Ich lebe in der Nähe von …
Vivimos cerca de… [Stadt] wiˈwimos ˈθerka de	Wir leben in der Nähe von …

Sprachtipp

Lassen Sie sich nicht verwirren: Das spanische *no* hat die Bedeutungen „nein" und „nicht", sodass es in manchen Sätzen gleich zweimal hintereinander steht, wie z. B. in *No, no es cerca de…* (Nein, das ist nicht in der Nähe von …).

¿Qué hay cerca de… [Stadt] ˈke ai ˈθerka de	Was gibt es in der Nähe von …?
… [Stadt] está cerca de… [Stadt] esˈta ˈθerka de	… ist in der Nähe von …
¿Eres de aquí? ˈeres de aˈki	Bist du von hier?
¿Usted es de aquí? usˈteθ es de aˈki	Sind Sie von hier?

Sí, soy de aquí. ˈsi soi de aˈki   Ja, ich bin von hier.

Sí, somos de aquí.   Ja, wir sind von hier.
ˈsi ˈsomos de aˈki

No soy de aquí.   Ich bin nicht von hier.
ˈno soi de aˈki

No, no somos de aquí.   Nein, wir sind nicht
ˈno ˈno ˈsomos de aˈki   von hier.

Pero vivo cerca de aquí.   Aber ich lebe in der Nähe
ˈpero ˈwiwo ˈθerka de aˈki   von hier.

Vielleicht waren Ihre Gesprächspartner oder Gesprächspartnerinnen ja schon einmal in Ihrem Herkunftsland:

Ya he estado en Alemania*.   Ich war schon in
ˈja e esˈtado en aleˈmania   Deutschland.

Ya hemos estado en Alemania.   Wir waren schon in
ˈja ˈemos esˈtado en aleˈmania   Deutschland.

> ### Sprachtipp
> Mit den Hilfszeitwörtern *he/hemos* und Formen wie *estado*
> (gewesen) können Sie über Vergangenes sprechen.

---

* **Austria** ˈaustria   Österreich
  Suiza ˈsuiθa   Schweiz

Dann hören Sie wahrscheinlich auch:

Alemania* es muy bonita.
ale'mania es 'mui bo'nita

Deutschland ist
sehr schön.

Alemania me gusta.
ale'mania me 'gusta

Deutschland gefällt mir.

Alemania nos gusta mucho.
ale'mania nos 'gusta 'mutscho

Deutschland gefällt uns
sehr gut.

Und es kann zu einem Austausch weiterer allgemeiner Eindrücke kommen:

**En Alemania se puede comer
muy bien.** en ale'mania se
'puede ko'mer mui 'bjen

In Deutschland kann man
sehr gut essen.

**En Alemania hay mucho que
ver.** en ale'mania ai 'mutscho
ke 'wer

In Deutschland gibt es viel
zu sehen.

Sprachtipp

Se bedeutet nicht nur „sich", sondern auch „man", z. B. in
Se come bien (Man isst gut.).

---

* **Austria** 'austria
  Suiza 'suiθa

Österreich
Schweiz

Woraufhin Sie entgegnen könnten:

Sí, pero aquí también.
ˈsi ˈpero aˈki tamˈbjen

Ja, aber hier auch.

Aquí también se come muy bien. aˈki tamˈbien se ˈkome mui ˈbjen

Hier isst man auch sehr gut.

Aquí también se puede ver mucho. aˈki tamˈbjen se ˈpuede wer ˈmutscho

Hier kann man auch viel ansehen.

Möglicherweise waren Ihre Gesprächspartner oder Gesprächspartnerinnen sogar schon einmal an Ihrem Wohnort:

Ya he estado en… [Stadt]
ˈja e esˈtado en

Ich war schon in …

Ya hemos estado en… [Stadt]
ˈja ˈemos esˈtado en

Wir waren schon in …

… [Stadt] me gusta mucho.
me ˈgusta ˈmutscho

… gefällt mir sehr gut.

… [Stadt] nos gusta mucho.
nos ˈgusta ˈmutscho

… gefällt uns sehr gut.

Alter

Die folgenden Sätze ermöglichen Ihnen, Ihr Gegenüber nach dessen Alter zu fragen, bezichungsweise Ihr eigenes Alter zu nennen.

¿Cuántos años tienes?
ˈkuantos ˈanjos ˈtjenes

Wie alt bist du?

¿Cuántos años tiene usted?
ˈkuantos ˈanjos ˈtjene usˈteθ

Wie alt sind Sie?

Tengo… [Zahl] años.
ˈtengo… ˈanjos

Ich bin … Jahre alt.

Ya tengo… [Zahl] años.
ˈja ˈtengo… ˈanjos

Ich bin schon … Jahre alt.

Sprachtipp

Wörtlich sagt man auf Spanisch also „Ich habe … Jahre". Die für Altersangaben notwendigen Zahlen finden Sie auf Seite 109.

Yo también. ˈjo tamˈbjen

Ich auch.

Yo también tengo… [Zahl] años.
ˈjo tamˈbjen ˈtengo… ˈanjos

Ich bin auch … Jahre alt.

Yo tengo un año más.
ˈjo ˈtengo ˈun ˈanjo ˈmas

Ich bin ein Jahr älter.

Yo tengo dos años más.
ˈjo ˈtengo ˈdos ˈanjos ˈmas

Ich bin zwei Jahre älter.

**Mañana voy a tener …
[Zahl] años.**
maˈnjana woi a teˈner… ˈanjos

Morgen werde ich … Jahre alt.

Bei der Frage nach dem Alter sollte man natürlich etwas Fingerspitzengefühl zeigen, denn manche Menschen geben darüber nicht so gerne Auskunft. Dann bekommen Sie vielleicht die Antwort:

Muchos.	ˈmutschos	Viele Jahre alt.
Demasiados.	demaˈsjados	Zu (viele Jahre) alt.

Eindrücke vom Urlaubsort

Bestimmt möchten Sie darüber sprechen, wie gut es Ihnen an Ihrem Urlaubsort gefällt, oder andere danach fragen. Dann sagt man:

¿Te gusta aquí?
te ˈgusta aˈki

Gefällt es dir hier?

¿Le gusta aquí?
le ˈgusta aˈki

Gefällt es Ihnen hier?

Wenn es Ihnen gut gefällt, können Sie auf solch eine Frage erwidern:

Sí, me gusta. ˈsi me ˈgusta

Ja, es gefällt mir.

Sí, me gusta mucho.
ˈsi me ˈgusta ˈmutscho

Ja, es gefällt mir sehr gut.

Sí, nos gusta mucho aquí.
ˈsi nos ˈgusta ˈmutscho aˈki

Sí, me gusta todo.
ˈsi me ˈgusta ˈtodo

Sí, aquí nos gusta todo.
ˈsi aˈki nos ˈgusta ˈtodo

Sí, me gusta más que en…
[Name der Stadt]
ˈsi me ˈgusta ˈmas ke en

Ja, es gefällt uns hier sehr gut.

Ja, mir gefällt alles.

Ja, hier gefällt uns alles.

Ja, es gefällt mir besser als in …

Sprachtipp

Wenn Sie etwas vergleichen möchten, können Sie *más que* (mehr als) verwenden: *Come más que…* (Er isst mehr als …); *Me gusta más que…* (Es gefällt mir besser als …). In Vergleichen entspricht *que* also dem deutschen „als". *Más* (mehr) benutzt man auch bei der Steigerung der meisten Eigenschaftswörter: *bonito* (schön) – *más bonito* (schöner) – *el más bonito* (der schönste).

Aber leider hat man manchmal auch Pech, oder es hat einem woanders einfach besser gefallen:

¿No te gusta aquí?
ˈno te ˈgusta aˈki

Gefällt es dir hier nicht?

¿No le gusta aquí?
ˈno le ˈgusta aˈki

Gefällt es Ihnen hier nicht?

No, no me gusta.
ˈno ˈno me ˈgusta

Nein, es gefällt mir nicht.

No me gusta nada.
ˈno me ˈgusta ˈnada

Es gefällt mir überhaupt
nicht.

No, no nos gusta nada.
ˈno ˈno nos ˈgusta ˈnada

Nein, es gefällt uns
überhaupt nicht.

Aquí no es nada bonito.
aˈki no es ˈnada boˈnito

Hier ist es überhaupt nicht
schön.

Sprachtipp

Wenn Sie eine Verneinung verstärken möchten, können Sie
no (nicht) und *nada* (nichts) wie in den obigen Sätzen kom-
binieren. Dann erhalten Sie die Bedeutung „überhaupt
nicht".

**Aquí me gusta menos que
en… [Stadt]**
aˈki me ˈgusta ˈmenos ke en

Hier gefällt es mir weniger
als in …

Sprachtipp

Menos que (weniger als) können Sie bei Vergleichen verwenden: *Me gusta menos que el otro* (Es gefällt mir weniger
als das andere.) oder *Es menos grande que el otro* (Es ist
weniger groß als das andere.).

Falls es Ihnen ganz besonders gut gefällt, können Sie folgendermaßen darüber sprechen, wie schön es wäre, an Ihrem Urlaubsort zu leben:

Aquí se vive muy bien.
aˈki se ˈwiwe mui ˈbjen

Hier lebt man sehr gut.

Me gustaría vivir aquí.
me gustaˈria wiˈwir aˈki

Ich würde gerne hier leben.

Aber vielleicht reizt eine solche Aussicht Sie auch nicht besonders:

No me gustaría vivir aquí todo el tiempo.
ˈno me gustaˈria wiˈwir aˈki ˈtodo el ˈtjempo

Ich würde nicht gerne ständig hier wohnen.

Urlaubsgestaltung

So können Sie Ihren neuen Bekannten erzählen, was Sie in Ihrem Urlaub alles unternehmen:

Aquí hay mucho que hacer.
aˈki ai ˈmutscho ke aˈθer

Hier gibt es viel, was man tun kann.

Aquí se puede hacer mucho.
aˈki se ˈpuede aˈθer ˈmutscho

Hier kann man viel unternehmen.

Hago mucho.
ˈago ˈmutscho

Ich unternehme viel.

Hacemos mucho.
aˈθemos ˈmutscho

Wir unternehmen viel.

Hay mucho que ver.
ai ˈmutscho ke ˈwer

Es gibt viel zu sehen.

Nos gusta ver mucho.
nos ˈgusta ˈwer ˈmutscho

Wir schauen gerne viel an.

Vemos mucho.
ˈwemos ˈmutscho

Wir sehen viel (an).

Todos los días veo mucho.
ˈtodos los ˈdias ˈweo ˈmutscho

Ich sehe jeden Tag viel an.

Pero no se puede ver todo.
ˈpero ˈno se ˈpuede wer ˈtodo

Aber man kann nicht alles sehen.

Vamos muy tarde a la cama.
ˈwamos mui ˈtarde a la ˈkama

Wir gehen sehr spät schlafen.

Todos los días voy a la…
ˈtodos los ˈdias ˈwoi a la

Ich gehe jeden Tag in/an …

piscina
pisˈθina

playa
ˈplaja

ciudad
θjuˈdaθ

Todas las noches nos vamos a beber algo.
ˈtodas las ˈnotsches nos ˈwamos a beˈber ˈalgo

Wir gehen jede Nacht etwas trinken.

Aber vielleicht sind Sie ja eher zum Ausruhen da. Dann können Sie sagen:

No hago nada. ˈno ˈago ˈnada

Ich mache nichts.

Nos gusta no hacer nada.
nos ˈgusta ˈno aˈθer ˈnada

Es gefällt uns, nichts zu tun.

Me gusta dormir mucho.
me ˈgusta dorˈmir ˈmutscho

Ich schlafe gerne viel.

Es lo que más me gusta.
es lo ke ˈmas me ˈgusta

Das gefällt mir am besten.

Doch es kann auch sein, dass Sie sich unfreiwillig ausruhen müssen:

Aquí no se puede hacer nada.
aˈki no se ˈpuede aˈθer ˈnada

Hier kann man nichts unternehmen.

No hay nada para ver.
ˈno ai ˈnada ˈpara ˈwer

Es gibt nichts anzusehen.

Meist kommt man auch darauf zu sprechen, wie lange man da ist und wie lange man noch bleibt:

¿Cuántos días estás aquí?
ˈkuantos ˈdias esˈtas aˈki

Wie viele Tage bist du hier?

¿Cuántos días ya está aquí?
ˈkuantos ˈdias ja esˈta aˈki

Wie viele Tage sind Sie schon hier?

¿Cuántos días vas a estar aquí?
ˈkuantos ˈdias was a esˈtar aˈki

Wie viele Tage wirst du hier bleiben?

¿Cuántos días va a estar aquí?
ˈkuantos ˈdias wa a esˈtar aˈki

Wie viele Tage werden Sie hier bleiben?

Estoy aquí un día.
esˈtoi aˈki ˈun ˈdia

Ich bleibe einen Tag hier.

Estamos aquí dos días.
esˈtamos aˈki ˈdos ˈdias

Wir bleiben zwei Tage hier.

Ya estoy aquí dos días.
ja esˈtoi aˈki ˈdos ˈdias

Ich bin schon zwei Tage hier.

**Vamos a estar aquí dos días
más.** ˈwamos a esˈtar aˈki
ˈdos ˈdias ˈmas

Wir werden noch zwei
Tage hier sein.

Nos vamos a ir mañana.
nos ˈwamos a ˈir maˈnjana

Wir werden morgen
abreisen.

Sprachtipp

Wenn man das spanische Wort *ir* (gehen) in der Bedeutung
„weggehen" oder „abreisen" verwenden möchte, stellt man
me, te, se oder *nos* davor: *Me voy* (Ich gehe weg.).

Das Wetter

Das Wetter ist oft ein dankbares Gesprächsthema. Eigentlich
sollte an Ihrem Urlaubsort schönes Wetter herrschen:

Hace buen tiempo.
ˈaθe ˈbuen ˈtjempo

Das Wetter ist schön.

Hace muy buen tiempo.
ˈaθe ˈmui buen ˈtjempo

Das Wetter ist sehr schön.

Aquí hace buen tiempo.
aˈki ˈaθe ˈbuen ˈtjempo

Hier ist das Wetter schön.

Hace muy buen tiempo aquí.
ˈaθe ˈmui buen ˈtjempo aˈki

Das Wetter ist sehr schön
hier.

Hoy hace muy buen tiempo.
ˈoi ˈaθe ˈmui buen ˈtjempo

Heute ist das Wetter sehr
schön.

El tiempo aquí es muy bueno.
el ˈtjempo aˈki es ˈmui ˈbueno

Das Wetter hier ist sehr
schön.

El tiempo aquí es bueno todos los días. el ˈtjempo aˈki es ˈbueno ˈtodos los ˈdias

Hier ist immer schönes Wetter.

> ### Sprachtipp
>
> Wie Sie an den obigen Sätzen erkennen können, verwendet man im Spanischen das Zeitwort *hacer*, um über das Wetter zu sprechen.

Aber natürlich kann man auch Pech mit dem Wetter haben:

Hace mal tiempo. ˈaθe ˈmal ˈtjempo

Das Wetter ist schlecht.

Hace muy mal tiempo. ˈaθe ˈmui ˈmal ˈtjempo

Das Wetter ist sehr schlecht.

Hoy el tiempo no es muy bueno. ˈoi el ˈtjempo ˈno es mui ˈbueno

Heute ist das Wetter nicht besonders schön.

No, pero mañana va a ser mejor. ˈno ˈpero maˈnjana wa a ˈser meˈchor

Nein, aber morgen wird es besser sein.

No, pero no se puede hacer nada. ˈno ˈpero ˈno se ˈpuede aˈθer ˈnada

Nein, aber da kann man nichts machen.

Podría hacer mejor tiempo. poˈdria aˈθer meˈchor ˈtjempo

Das Wetter könnte schöner sein.

El tiempo aquí no es muy bueno. el ˈtjempo aˈki ˈno es mui ˈbueno

Das Wetter ist nicht besonders schön hier.

Smalltalk

No, pero me gusta.	Nein, aber es gefällt mir.
ˈno ˈpero me ˈgusta	

Wahrscheinlicher ist jedoch, dass es Ihnen eher zu heiß als zu kalt sein wird:

¡Qué calor! ˈke kaˈlor	Was für eine Hitze!
¡Qué calor hace! ˈke kaˈlor ˈaθe	Wie heiß es ist!
¡Hace mucho calor!	Es ist sehr heiß!
ˈaθe ˈmutscho kaˈlor	
¡Hace demasiado calor!	Es ist zu heiß!
ˈaθe demaˈsjado kaˈlor	
¡Tengo mucho calor!	Mir ist sehr heiß!
ˈtengo ˈmutscho kaˈlor	
¡Tenemos demasiado calor!	Uns ist zu heiß!
teˈnemos demaˈsjado kaˈlor	
¡Hoy tengo demasiado calor!	Heute ist es mir zu heiß!
ˈoi ˈtengo demaˈsjado kaˈlor	
Esta tarde va a hacer menos calor. ˈesta ˈtarde wa a aˈθer ˈmenos kaˈlor	Heute Nachmittag/Abend wird es nicht mehr so heiß sein.

Ein Vergleich zwischen dem Wetter an Ihrem Urlaubsort und dem Wetter bei Ihnen zu Hause bietet sich ebenfalls an:

Hace más calor que en Alemania.[*] ˈaθe ˈmas kaˈlor ke en aleˈmania	Es ist heißer als in Deutschland.

---

[*] **Austria** ˈaustria	Österreich
Suiza ˈsuiθa	Schweiz

Aquí hace menos calor que en Alemania. aˈki ˈaθe ˈmenos kaˈlor ke en aleˈmania

Hier ist es kälter als in Deutschland.

El tiempo aquí es mejor que en Alemania. el ˈtjempo aˈki es meˈchor ke en aleˈmania

Das Wetter ist hier besser als in Deutschland.

Komplimente und Lob

Kleine Komplimente erhalten die Freundschaft. Vielleicht möchten Sie Ihren neuen Bekannten ja etwas Nettes sagen, zum Beispiel über deren Kleidung:

Tu… es muy bonito. tu… es ˈmui boˈnito

Dein … ist sehr schön.

vestido wesˈtido

sombrero somˈbrero

anillo aˈnijo

Su… es muy bonita. su… es ˈmui boˈnita

Ihre … ist sehr schön.

blusa ˈblusa

corbata korˈbata

Esto te va muy bien.* | Das hier steht dir sehr gut.
ˈesto te wa mui ˈbjen

Esto le va muy bien. | Das hier steht Ihnen sehr
ˈesto le wa mui ˈbjen | gut.

Esto es muy bonito. | Das da ist sehr schön.
ˈesto es mui boˈnito

Esto también me gustaría. | Das würde mir auch gut
ˈesto tamˈbjen me gustaˈria | gefallen.

Vielleicht möchten Sie aber auch ausdrücken, wie gut Sie jemanden finden:

¡Eres el mejor! ˈeres el meˈchor | Du bist der Beste!

¡Eres la mejor! ˈeres la meˈchor | Du bist die Beste!

---

* Achtung feste Wendung:
  Te/Le va bien. te/le wa ˈbjen | Es steht dir/Ihnen gut.

Unterkunft

Zimmersuche

So können Sie sich nach freien Zimmern erkundigen und diese bestellen:

¿Tiene una habitación? Haben Sie ein Zimmer?
ˈtjene ˈuna abitaˈθjon

¿Tiene habitaciones? Haben Sie Zimmer?
ˈtjene abitaθjones

Necesito una habitación. Ich brauche ein Zimmer.
neθeˈsito ˈuna abitaˈθjon

Necesitamos dos habitaciones. Wir brauchen zwei Zimmer.
neθesiˈtamos ˈdos abitaˈθjones

Und so können Sie Ihre Zimmerwünsche etwas genauer formulieren:

¿Tiene una habitación con una cama? ˈtjene ˈuna abitaˈθjon kon ˈuna ˈkama Haben Sie ein Zimmer mit einem Bett?

¿Tiene una habitación con dos camas? ˈtjene ˈuna abitaˈθjon kon ˈdos ˈkamas Haben Sie ein Zimmer mit zwei Betten?

Necesito una habitación con una cama. neθeˈsito ˈuna abitaˈθjon kon ˈuna ˈkama Ich brauche ein Zimmer mit einem Bett.

Necesitamos una habitación con dos camas. neθesiˈtamos ˈuna abitaˈθjon kon ˈdos ˈkamas Wir brauchen ein Zimmer mit zwei Betten.

Necesitamos dos habitaciones con dos camas.
neθesi'tamos 'dos abita'θjones kon 'dos 'kamas

Wir brauchen zwei Zimmer mit zwei Betten.

Necesitamos una habitación con una cama y otra habitación con dos camas.
neθesi'tamos 'una abita'θjon kon 'una 'kama i 'otra abita'θjon kon 'dos 'kamas

Wir brauchen ein Zimmer mit einem Bett und ein anderes Zimmer mit zwei Betten.

Dann wird man Sie vermutlich nach dem gewünschten Zeitraum fragen:

¿Para cuándo? 'para 'kuando

Für wann?

¿Hasta cuándo? 'asta 'kuando

Bis wann?

¿De cuándo hasta cuándo?
de 'kuando 'asta 'kuando

Von wann bis wann?

¿Hasta qué día?
'asta 'ke 'dia

Bis zu welchem Tag?

¿De qué día hasta qué día?
de 'ke 'dia 'asta 'ke 'dia

Von welchem Tag bis zu welchem Tag?

¿Para cuántas noches?
'para 'kuantas 'notsches

Für wie viele Nächte?

Woraufhin Sie erwidern können:

Es para hoy y mañana.
es 'para 'oi i ma'njana

Es ist für heute und morgen.

De hoy hasta mañana.
de 'oi 'asta ma'njana

Von heute bis morgen.

Es para una noche.
ˈes ˈpara ˈuna ˈnotsche

Es ist für eine Nacht.

Es para dos noches.
ˈes ˈpara ˈdos ˈnotsches

Es ist für zwei Nächte.

Hasta el día uno.
ˈasta el ˈdia ˈuno

Bis zum Ersten.

Hasta el día…
ˈasta el ˈdia

Bis zum …ten.

Die Zahlen zum Einsetzen finden Sie auf Seite 109.

De hoy hasta el día dos.
de ˈoi ˈasta el ˈdia ˈdos

Von heute bis zum Zweiten.

Hasta el… ˈasta el

Bis zum …

Die Wochentage zum Einsetzen finden Sie auf Seite 111.

Wenn nichts mehr frei ist, können Sie nachfragen:

¿Y dónde hay algo?
i ˈdonde ˈai ˈalgo

Und wo gibt es etwas?

¿Dónde hay habitaciones cerca de aquí? ˈdonde ai abitaˈθjones ˈθerka de aˈki

Wo gibt es hier in der Nähe Zimmer?

Ausstattung und Extras

Wenn ein Zimmer frei ist, haben Sie vielleicht noch einige Wünsche bezüglich des Komforts:

Me gustaría una habitación con… me gusta'ria 'una abita'θjon kon

Ich hätte gerne ein Zimmer mit …

lavabo
la'wabo

bañera
ba'njera

ducha
'dutscha

wáter
'water

Landestipp

In Spanien gibt es meistens anstatt einer Mischbatterie zwei getrennte kleine Wasserhähne für heißes und kaltes Wasser. Achtung: Das heiße Wasser kann fast kochend heiß sein!

¿Hay… en la habitación?
'ai… en la abita'θjon

Gibt es im Zimmer einen …/etc.?

televisor
telewi'sor

teléfono
te'lefono

nevera
ne'wera

ventilador
wentila'dor

¿Es con...? ᶦes kon   Ist es mit ...?

desayuno   **comida**   **cena**
desaᶦjuno   koᶦmida   ᶦθena

Por favor, quiero la habitación   Ich möchte bitte das
más bonita. por faᶦwor ᶦkjero   schönste Zimmer.
la abitaᶦθjon ᶦmas boᶦnita

Nos gustaría tener la   Wir hätten gerne das
habitación más grande.   größte Zimmer.
nos gustaᶦria teᶦner la
abitaᶦθjon ᶦmas ᶦgrande

Preise

Und so können Sie sich nach dem Preis erkundigen:

¿Cuánto cuesta una noche?   Wie teuer ist eine Nacht?
ᶦkuanto ᶦkuesta ᶦuna ᶦnotsche

¿Cuánto cuestan dos noches?   Wie teuer sind zwei
ᶦkuanto ᶦkuestan ᶦdos ᶦnotsches   Nächte?

¿Cuánto cuesta por noche?   Wie teuer ist es pro Nacht?
ᶦkuanto ᶦkuesta por ᶦnotsche

¿Cuánto cuesta por todo el   Wie teuer ist es für die
tiempo? ᶦkuanto ᶦkuesta   gesamte Zeit?
por ᶦtodo el ᶦtjempo

¿Cuánto cuesta con…?
ˈkuanto ˈkuesta kon

Wie viel kostet es mit …?

desayuno
desaˈjuno

comida
koˈmida

cena
ˈθena

¿Cuándo hay que pagar?
ˈkuando ai ke paˈgar

Wann muss man zahlen?

¿Tengo que pagar hoy?
ˈtengo ke paˈgar ˈoi

Muss ich heute zahlen?

¿Puedo pagar mañana?
ˈpuedo paˈgar maˈnjana

Kann ich morgen zahlen?

Sprachtipp

Tener bedeutet eigentlich „haben". In Verbindung mit *que* heißt es aber „müssen", z. B. *Tengo que comer algo* (Ich muss etwas essen.).
Hay que bedeutet „man muss".

Möglicherweise ist Ihnen die angebotene Unterkunft aber zu teuer:

La habitación cuesta mucho.
la abita'θjon 'kuesta 'mutscho

Das Zimmer kostet sehr viel.

La habitación cuesta demasiado. la abita'θjon 'kuesta dema'sjado

Das Zimmer kostet zu viel.

Estas habitaciones cuestan demasiado.
'estas abita'θjones 'kuestan dema'sjado

Diese Zimmer kosten zu viel.

¿Cuesta menos por más noches? 'kuesta 'menos por 'mas 'notsches

Kosten mehr Nächte weniger?

Quiero pagar menos.
'kjero pa'gar 'menos

Ich möchte weniger zahlen.

Vielleicht möchten Sie sich die Unterkunft ja ansehen, bevor Sie sich dafür entscheiden:

Me gustaría ver la habitación.
me gusta'ria 'wer la abita'θjon

Ich würde das Zimmer gerne sehen.

Nos gustaría ver las habitaciones. nos gusta'ria 'wer las abita'θjones

Wir würden die Zimmer gerne sehen.

Por favor, quiero ver la habitación. por fa'wor 'kjero 'wer la abita'θjon

Ich möchte bitte das Zimmer sehen.

Entscheidung

Wenn Sie mit der Unterkunft einverstanden sind, können Sie sagen:

La habitación me gusta.   Das Zimmer gefällt mir.
la abitaˈθjon me ˈgusta

Esta habitación me gusta.   Dieses Zimmer gefällt mir.
ˈesta abitaˈθjon me ˈgusta

La habitación es bonita.   Das Zimmer ist schön.
la abitaˈθjon es boˈnita

Esta habitación es muy bonita.   Dieses Zimmer ist sehr
ˈesta abitaˈθjon es ˈmui boˈnita   schön.

La habitación está bien.   Das Zimmer ist in
la abitaˈθjon esˈta ˈbjen   Ordnung.

La cama es muy buena.   Das Bett ist sehr gut.
la ˈkama es ˈmui ˈbuena

Sprachtipp

Está bien ist eine feste Wendung und bedeutet „in Ordnung", unabhängig davon, ob man von etwas spricht, das eine lange oder kurze Dauer hat.

Und so können Sie ausdrücken, dass Ihnen die angebotene Unterkunft nicht gefällt:

No quiero esta habitación.   Dieses Zimmer möchte ich
ˈno ˈkjero ˈesta abitaˈθjon   nicht.

No queremos dormir aquí.   Hier möchten wir nicht
ˈno keˈremos dorˈmir aˈki   schlafen.

No puedo dormir aquí.
ˈno ˈpuedo dorˈmir aˈki

Hier kann ich nicht
schlafen.

No voy a dormir aquí.
ˈno ˈwoi a dorˈmir aˈki

Hier werde ich nicht
schlafen.

No vamos a dormir en esta habitación. ˈno ˈwamos a
dorˈmir en ˈesta abitaˈθjon

In diesem Zimmer werden
wir nicht schlafen.

Und vielleicht passt ja einer der folgenden Gründe:

La habitación no es bonita.
la abitaˈθjon ˈno es boˈnita

Das Zimmer ist nicht
schön.

**Esta habitación no es muy
bonita.** ˈesta abitaˈθjon
ˈno es mui boˈnita

Dieses Zimmer ist nicht
sehr schön.

**Esta habitación no es nada
bonita.** ˈesta abitaˈθjon
ˈno es ˈnada boˈnita

Dieses Zimmer ist
überhaupt nicht schön.

Esta habitación no me gusta.
ˈesta abitaˈθjon ˈno me ˈgusta

Dieses Zimmer gefällt mir
nicht.

**La habitación no es muy
grande.** la abitaˈθjon ˈno es
mui ˈgrande

Das Zimmer ist nicht sehr
groß.

**Hace mucho calor en esta
habitación.** ˈaθe ˈmutscho
kaˈlor en ˈesta abitaˈθjon

In diesem Zimmer ist es
sehr heiß.

**Hace demasiado calor en esta
habitación.** ˈaθe demaˈsjado
kaˈlor en ˈesta abitaˈθjon

In diesem Zimmer ist es
zu heiß.

No hace mucho calor en esta habitación. ˈno ˈaθe ˈmutscho kaˈlor en ˈesta abitaˈθjon

In diesem Zimmer ist es nicht gerade warm.

Die folgenden Sätze sollten Ihnen dabei helfen, eine Unterkunft zu bekommen, die Ihnen mehr zusagt.

¿Tiene otra habitación? ˈtjene ˈotra abitaˈθjon

Haben Sie ein anderes Zimmer?

¿Tiene una habitación más bonita? ˈtjene ˈuna abitaˈθjon ˈmas boˈnita

Haben Sie ein schöneres Zimmer?

¿Tiene una habitación más grande? ˈtjene ˈuna abitaˈθjon ˈmas ˈgrande

Haben Sie ein größeres Zimmer?

¿Hay una habitación más bonita? ˈai ˈuna abitaˈθjon ˈmas boˈnita

Gibt es ein schöneres Zimmer?

Quiero otra habitación. ˈkjero ˈotra abitaˈθjon

Ich möchte ein anderes Zimmer.

Quiero una habitación más grande. ˈkjero ˈuna abitaˈθjon ˈmas ˈgrande

Ich möchte ein größeres Zimmer.

Quiero otra cama. ˈkjero ˈotra ˈkama

Ich möchte ein anderes Bett.

Necesitamos una habitación con una cama más. neθesiˈtamos ˈuna abitaˈθjon kon ˈuna ˈkama ˈmas

Wir brauchen ein Zimmer mit einem Bett mehr.

Quiero una habitación con una cama más grande.
ˈkjero ˈuna abitaˈθjon kon ˈuna ˈkama mas ˈgrande

Ich möchte ein Zimmer mit einem größeren Bett.

Por favor, quiero una habitación con una cama mejor. por faˈwor ˈkjero ˈuna abitaˈθjon kon ˈuna ˈkama meˈchor

Ich möchte bitte ein Zimmer mit einem besseren Bett.

Und vielleicht gefällt Ihnen das nächste Zimmer ja besser:

Esta habitación me gusta más.
ˈesta abitaˈθjon me ˈgusta ˈmas

Dieses Zimmer gefällt mir besser.

Esta habitación me gusta más que la otra.
ˈesta abitaˈθjon me ˈgusta ˈmas ke la ˈotra

Dieses Zimmer gefällt mir besser als das andere.

Esta habitación me gusta mucho más que la otra.
ˈesta abitaˈθjon me ˈgusta ˈmutscho ˈmas ke la ˈotra

Dieses Zimmer gefällt mir viel besser als das andere.

Esta habitación es más bonita. ˈesta abitaˈθjon es ˈmas boˈnita

Dieses Zimmer ist schöner.

Esta habitación es mucho más bonita. ˈesta abitaˈθjon es ˈmutscho ˈmas boˈnita

Dieses Zimmer ist viel schöner.

Esta habitación es más bonita que la otra.
ˈesta abitaˈθjon es ˈmas boˈnita ke la ˈotra

Dieses Zimmer ist schöner als das andere.

Esta habitación es más grande que la otra.
ˈesta abitaˈθjon es ˈmas ˈgrande ke la ˈotra

Dieses Zimmer ist größer als das andere.

Sí, aquí hace más calor.
ˈsi aˈki ˈaθe ˈmas kaˈlor

Ja, hier ist es wärmer.

Muy bien, aquí hace menos calor. mui ˈbjen aˈki ˈaθe ˈmenos kaˈlor

Sehr gut, hier ist es kühler.

Quiero esta habitación.
ˈkjero ˈesta abitaˈθjon

Ich möchte dieses Zimmer.

Sich zurechtfinden

Bevor Sie Ihr Zimmer beziehen, müssen Sie vielleicht noch einige letzte Punkte klären:

¿Qué habitación es?
ˈke abitaˈθjon es

Welches Zimmer ist es?

Es la dos. es la ˈdos

Es ist die (Nummer) zwei.

¿Ya podemos entrar en la habitación? ˈja poˈdemos enˈtrar en la abitaˈθjon

Können wir schon in das Zimmer hineingehen?

¿Hasta cuándo se puede entrar aquí por la noche?
ˈasta ˈkuando se ˈpuede enˈtrar aˈki por la ˈnotsche

Bis wann ist hier nachts offen?

Se puede entrar hasta las dos.
se ˈpuede enˈtrar ˈasta las ˈdos

Hier ist offen bis um zwei.

Toda la noche.
ˈtoda laˈnotsche

Die ganze Nacht über.

Nun müssen Sie sich in Ihrer Unterkunft und der näheren Umgebung orientieren:

¿Dónde está la habitación?
ˈdonde esˈta la abitaˈθjon

Es por aquí. es por aˈki

Quiero ir a mi habitación.
ˈkjero ˈir a mi abitaˈθjon
¿Dónde está? ˈdonde esˈta

¿Dónde está…? ˈdonde esˈta

Wo ist das Zimmer?

In dieser Richtung./Hier entlang.

Ich möchte auf mein Zimmer gehen.
Wo ist es?

Wo ist …?

la piscina
la pisˈθina

el bar
el ˈbar

el restaurante
el restauˈrante

el ascensor
el asθenˈsor

Sprachtipp

Sie haben gelernt, dass man sich mit dem Zeitwort *estar* auf vorübergehende Zustände bezieht. Trotzdem wird es auch in Fragen nach Ortsangaben verwendet, z. B. in *¿Dónde está mi habitación?* (Wo ist mein Zimmer?), auch wenn es sich dabei um eine dauerhaftere Einrichtung handelt.

¿Dónde se come por la mañana? ˈdonde se ˈkome por la maˈnjana

Wo isst man morgens?

¿Cuándo se come por la mañana? ˈkuando se ˈkome por la maˈnjana

Wann isst man morgens?

A las… [Zahl] a las

Um … Uhr.

De las… [Zahl] hasta las… [Zahl] de las… ˈasta las

Von … bis … Uhr.

Die Zahlen finden Sie auf Seite 109.

¿Dónde se come aquí por la tarde? ˈdonde se ˈkome aˈki por la ˈtarde

Wo isst man hier abends?

¿Cuándo se come aquí por la tarde? ˈkuando se ˈkome aˈki por la ˈtarde

Wann isst man hier abends?

Vielleicht haben Sie bei Ihrer Ankunft ja auch schon Hunger oder Durst. Dann können Sie fragen:

¿Dónde puedo comer algo? ˈdonde ˈpuedo koˈmer ˈalgo

Wo kann ich etwas essen?

¿Dónde podemos beber algo? ˈdonde poˈdemos beˈber ˈalgo

Wo können wir etwas trinken?

¿Dónde puedo comprar algo para comer? ˈdonde ˈpuedo komˈprar ˈalgo ˈpara koˈmer

Wo kann ich etwas zu essen kaufen?

¿Dónde podemos comprar algo para beber? ˈdonde poˈdemos komˈprar ˈalgo ˈpara beˈber

Wo können wir etwas zu trinken kaufen?

¿Hay algo para beber en la habitación? ˈai ˈalgo ˈpara beˈber en la abitaˈθjon

Gibt es im Zimmer etwas zu trinken?

Beschwerden

Selbst im besten Hotel kann es vorkommen, dass etwas nicht funktioniert. Dann können Sie sagen:

Esto está roto. ˈesto esˈta ˈroto

Das hier ist kaputt.

El... está roto.
el... esˈta ˈroto

Der ... ist kaputt.

televisor
telewiˈsor

ascensor
asθenˈsor

Mi cama está rota.
mi ˈkama esˈta ˈrota

Mein Bett ist kaputt.

La... está rota.
la... esˈta ˈrota

Die ... ist kaputt.

bañera
baˈnjera

ducha
ˈdutscha

lámpara
ˈlampara

Und so können Sie verlangen, dass etwas gegen den Missstand unternommen wird:

¡Hay que hacer algo!
ˈai ke aˈθer ˈalgo

Man muss etwas tun!

¡Tiene que hacer algo!
ˈtjene ke aˈθer ˈalgo

Sie müssen etwas tun!

¿Qué se puede hacer?
ˈke se ˈpuede aˈθer

Was kann man tun?

¿Qué va a hacer?
ˈke wa a aˈθer

Was werden Sie tun?

¿Cuándo va a hacer algo?
ˈkuando wa a aˈθer ˈalgo

Wann werden Sie etwas tun?

Abreise

Früher oder später werden Sie wohl auch Auskunft über Ihren Abreisetermin geben müssen:

¿Qué día se va a ir?
ˈke ˈdia se ˈwa a ˈir

An welchem Tag werden Sie abreisen?

Me voy hoy. me ˈwoi ˈoi

Ich reise heute ab.

Nos vamos mañana.
nos ˈwamos maˈnjana

Wir reisen morgen ab.

Nos vamos a ir mañana.
nos ˈwamos a ˈir maˈnjana

Wir werden morgen abreisen.

Me voy a ir mañana.
me ˈwoi a ˈir maˈnjana

Ich werde morgen abreisen.

Nos vamos a ir mañana por la mañana. nos ˈwamos a ˈir maˈnjana por la maˈnjana

Wir werden morgen früh abreisen.

Nos vamos el… [Wochentag]
nos ˈwamos el

Wir reisen am … ab.

Nos vamos a ir el… [Wochentag]
nos ˈwamos a ˈir el

Wir werden am …
abreisen.

Eine Liste der Wochentage finden Sie auf Seite 111.

¿Cuándo nos tenemos que ir?
ˈkuando nos teˈnemos ke ˈir

Wann müssen wir gehen?

**¿Cuándo me tengo que ir de
la habitación?** ˈkuando me
ˈtengo ke ˈir de la abitaˈθjon

Wann muss ich das
Zimmer verlassen?

El… [Wochentag] el

Am …

Vielleicht möchten Sie sich zum Abschied mit einem Kompliment
für den angenehmen Aufenthalt bedanken:

Se está muy bien aquí.
se esˈta mui ˈbjen aˈki

Hier fühlt man sich sehr
wohl.

Puedo dormir muy bien aquí.
ˈpuedo dorˈmir mui ˈbjen aˈki

Ich kann hier sehr gut
schlafen.

**Aquí se puede dormir muy
bien.** aˈki se ˈpuede dorˈmir
mui ˈbjen

Hier kann man sehr gut
schlafen.

**Todos los años nos gusta
mucho.** ˈtodos los ˈanjos
nos ˈgusta ˈmutscho

Es gefällt uns jedes Jahr.

Möglicherweise hat es Ihnen ja sogar so gut gefallen, dass Sie wiederkommen wollen:

¡Hasta otro año!　　　　　　Bis zum nächsten Mal!
ˈasta ˈotro ˈanjo

Urlaubsaktivitäten

Im Restaurant

Zunächst einmal können Sie sich erkundigen, ob Sie an einem bestimmten Ort etwas zu essen bekommen, beziehungsweise was es dort gibt:

¿Se puede comer aquí?
se ˈpuede koˈmer aˈki

Kann man hier essen?

¿Podemos comer aquí?
poˈdemos koˈmer aˈki

Können wir hier essen?

¿Es demasiado tarde para comer aquí? es demaˈsjado ˈtarde ˈpara koˈmer aˈki

Ist es zu spät, um hier zu essen?

¿Qué hay para comer?
ˈke ai ˈpara koˈmer

Was gibt es zu essen?

¿Qué hay para beber?
ˈke ai ˈpara beˈber

Was gibt es zu trinken?

¿Puedo ver lo que hay?
ˈpuedo ˈwer lo ke ˈai

Kann ich sehen, was es gibt?

Landestipp

In Spanien isst man in der Regel später als in Deutschland. Das Mittagessen wird gegen 14 Uhr eingenommen; das Abendessen gegen 21 Uhr.

Wenn Sie gewählt haben, können Sie die Bedienung auf sich aufmerksam machen und bestellen:

Perdón! per'don   Entschuldigung!

¡Por favor! por fa'wor   Entschuldigung, bitte!

Por favor, quiero comer…   Ich möchte bitte … essen.
'por fa'wor 'kjero ko'mer

una sopa
'una 'sopa

una ensalada
'una ensa'lada

un helado
un e'lado

Por favor, quiero beber…   Ich möchte bitte … trinken.
'por fa'wor 'kjero be'ber

un café
un ka'fe

un agua mineral
un 'agua mine'ral

una cerveza
'una θer'weθa

Wenn die Speisekarte Bilder enthält oder Sie wissen, was die Wörter auf der Speisekarte bedeuten, können Sie auf den Namen eines Gerichts zeigen und sagen:

Por favor, quiero esto.   Ich möchte bitte das hier.
por fa'wor 'kjero 'esto

Me gustaría comer esto.   Ich würde gerne das hier
me gusta'ria ko'mer 'esto   essen.

Sie könnten aber auch versuchen, das Essen zu sehen zu bekommen …

¿Por favor, podría ver lo que hay para comer? por fa'wor po'dria 'wer lo ke 'ai 'para ko'mer

Könnte ich das Essen bitte sehen?

… oder dem Urteil der Bedienung vertrauen:

Por favor, quiero algo bueno. por fa'wor 'kjero 'algo 'bueno

Ich möchte bitte etwas Gutes.

Por favor, quiero algo bueno, pero no quiero pagar demasiado. por fa'wor 'kjero 'algo 'bueno, 'pero no 'kjero pa'gar dema'sjado

Ich möchte bitte etwas Gutes, aber nicht zu Teueres.

Wo es möglich ist, können Sie auf die Speisen selbst zeigen und sagen:

Me gustaría comer de esto. me gusta'ria ko'mer de 'esto

Ich würde gerne von dieser Speise essen.

Por favor, quiero esto. por fa'wor 'kjero 'esto

Ich möchte bitte das da.

Landestipp

Manche spanischen Gerichte sind auch hierzulande bekannt. Bestimmt haben Sie schon einmal von der *paella*, einer Reispfanne mit Meeresfrüchten, gehört. Es gibt sie auch mit Huhn und Gemüse.

Zu den *tapas*, kleinen Gerichten, die man in Bars bekommt, gehören unter anderem *jamón serrano* (luftgetrockneter Schinken), *chorizo* (scharfe Paprikasalami) und *tortilla de patatas* (Kartoffelomelett).

Sehr empfehlenswert sind auch *gazpacho* (kalte Suppe mit Tomaten, Gurken und Knoblauch), *empanadas* (gefüllte Pasteten) – und natürlich die große Auswahl an Fisch und Meeresfrüchten.

Vielleicht haben Sie ja noch Sonderwünsche, zum Beispiel, dass es schnell gehen sollte:

Perdón, pero tengo poco tiempo. perˈdon ˈpero ˈtengo ˈpoko ˈtjempo
Entschuldigung, aber ich habe wenig Zeit.

Perdón, pero tenemos muy poco tiempo. perˈdon ˈpero teˈnemos ˈmui ˈpoko ˈtjempo
Entschuldigung, aber wir haben sehr wenig Zeit.

Por favor, quiero mucho para comer. por faˈwor ˈkjero ˈmutscho ˈpara koˈmer
Ich möchte bitte viel zu essen.

Por favor, quiero muy poco. por faˈwor ˈkjero mui ˈpoko
Ich möchte bitte ganz wenig.

Gracias, no quiero comer nada. ˈgraθias no ˈkjero koˈmer ˈnada
Danke, ich möchte nichts essen.

Perdón, necesito otro…
per'don neθe'sito 'otro

Entschuldigung, ich
brauche noch ein …/etc.

cuchillo
ku'tschijo

tenedor
tene'dor

plato
'plato

vaso
'waso

Vielleicht bringt man Ihnen auch das falsche Gericht. Das könnten Sie dann so reklamieren:

Perdón, esto no es lo que yo quiero. per'don 'esto no es lo ke 'jo 'kjero

Entschuldigung, das ist nicht das, was ich möchte.

Yo quiero esto. 'jo 'kjero 'esto

Ich möchte das da.

Wenn Ihnen etwas gut schmeckt, können Sie das Essen folgendermaßen loben:

Esto me gusta. 'esto me 'gusta

Das schmeckt mir.

Esto nos gusta mucho.
'esto nos 'gusta 'mutscho

Das schmeckt uns sehr gut.

¡Qué bueno! 'ke 'bueno

Wie lecker!

¡Está muy bueno!
es'ta mui 'bueno

Das ist sehr gut!

¡No está mal! 'no es'ta 'mal

Nicht übel!

Vielleicht schmeckt es Ihnen ja sogar so gut, dass Sie noch einen Nachschlag wollen:

¿Podría tener más de esto, por favor? po'dria te'ner 'mas de 'esto por fa'wor

Könnte ich bitte mehr hiervon haben?

¿Puedo tener más de esto? 'puedo te'ner 'mas de 'esto

Kann ich mehr hiervon haben?

Me gustaría comer más de esto. me gusta'ria ko'mer 'mas de 'esto

Ich würde gerne mehr von diesem hier essen.

Por favor, quiero un poco más. por fa'wor 'kjero un 'poko 'mas

Ich möchte bitte etwas mehr.

Perdón, esto es muy poco. per'don 'esto es mui 'poko
Podría tener un poco más? po'dria te'ner un 'poko 'mas

Entschuldigung, das ist sehr wenig.
Könnte ich noch etwas mehr haben?

Es muy poco. es mui 'poko
Puedo tener más? 'puedo te'ner 'mas

Das ist sehr wenig.
Kann ich mehr haben?

Oder aber es ist Ihnen zu viel. Dann können Sie sagen:

¡Es demasiado! es dema'sjado

Es ist zu viel!

¡Esto es demasiado! 'esto es dema'sjado

Das hier ist zu viel!

No puedo comer todo esto. no 'puedo ko'mer 'todo 'esto

Ich kann das nicht alles essen.

Es demasiado para uno. es dema'sjado 'para 'uno

Das ist zu viel für eine Person.

Por favor, quiero uno para los dos. por fa'wor 'kjero 'uno 'para los 'dos

Ich hätte gerne ein Gericht für (uns) zwei.

Wenn Ihnen etwas nicht schmeckt, können Sie sagen:

Esto no me gusta. ˈesto no me ˈgusta   Das schmeckt mir nicht.

Esto no me gusta nada.   Das schmeckt mir
ˈesto no me ˈgusta ˈnada   überhaupt nicht.

No nos gusta. ˈno nos ˈgusta   Das schmeckt uns nicht.

No quiero comer esto.   Ich möchte das nicht
no ˈkjero koˈmer ˈesto   essen.

No puedo comer esto.   Ich kann das nicht essen.
no ˈpuedo koˈmer ˈesto

No es bueno. no es ˈbueno   Das ist nicht gut.

Dann können Sie stattdessen etwas anderes verlangen:

¿No tiene nada mejor?   Haben Sie nichts
ˈno ˈtjene ˈnada meˈchor   Besseres?

Quiero algo mejor.   Ich möchte etwas
ˈkjero ˈalgo meˈchor   Besseres.

No quiero esto, quiero esto.   Ich möchte nicht das da,
ˈno ˈkjero ˈesto ˈkjero ˈesto   sondern das da.

Por favor, quiero menos de   Ich möchte bitte weniger
esto, pero más de esto.   von diesem, aber mehr
por faˈwor ˈkjero ˈmenos de   von diesem.
ˈesto ˈpero ˈmas de ˈesto

Doch auch das beste Essen macht irgendwann einmal so satt,
dass man nicht mehr kann:

¡No puedo más! no ˈpuedo ˈmas   Ich kann nicht mehr!

¡No podemos comer más!   Wir können nichts mehr
no poˈdemos koˈmer ˈmas   essen!

Nun können Sie sich noch über die Qualität des Essens unterhalten:

Aquí se come muy bien. Hier isst man sehr gut.
a'ki se 'kome mui 'bjen

Aquí se come mejor que en el... Hier isst man besser als
[Name des Restaurants] im ...
a'ki se 'kome me'chor que en el

Sí, y cuesta menos. Ja, und es kostet weniger.
'si i 'kuesta 'menos

Sí, pero cuesta más. Ja, aber es kostet mehr.
'si 'pero 'kuesta 'mas

Dann wird es Zeit, zu bezahlen:

Por favor, quiero pagar. Ich möchte zahlen, bitte.
por fa'wor 'kjero pa'gar

¿Cuánto es? 'kuanto 'es Wie viel macht das?

Wenn Sie nur für sich selbst zahlen möchten, können Sie auf das benutzte Geschirr oder die entsprechenden Passagen der Speisekarte zeigen und sagen:

Quiero pagar esto, esto y Ich möchte das, das und
esto. 'kjero pa'gar 'esto das da zahlen.
'esto i 'esto

Falls Sie hingegen die Rechnung für den gesamten Tisch übernehmen wollen, haben Sie folgende Möglichkeiten:

Quiero pagar todo. Ich möchte alles zahlen.
'kjero pa'gar 'todo

Quiero pagar para todos. ♂   Ich möchte für alle zahlen.
ˈkjero paˈgar ˈpara ˈtodos

Quiero pagar para todas. ♀   Ich möchte für alle zahlen.
ˈkjero paˈgar ˈpara ˈtodas

Wenn Sie mit dem Service zufrieden waren, ist es üblich, ein Trinkgeld zu geben. Dann können Sie sagen:

Gracias, esto es para usted.   Danke, das ist für Sie.
ˈgraθias ˈesto es ˈpara usˈteθ

Landestipp

Sie können als Trinkgeld aber auch einfach einige Münzen auf dem Tellerchen für das Wechselgeld zurücklassen, wenn Sie gehen.

Als Gastgeber oder Gastgeberin

Wenn Sie selbst jemanden zu sich einladen, werden Sie Ihre Gäste vermutlich als Erstes fragen:

¿Quieres comer algo?   Möchtest du etwas essen?
ˈkjeres koˈmer ˈalgo

¿Quiere beber algo?   Möchten Sie etwas
ˈkjere beˈber ˈalgo   trinken?

¿Qué quieres comer?   Was möchtest du essen?
ˈke ˈkjeres koˈmer

¿Qué quiere beber?   Was möchten Sie trinken?
ˈke ˈkjere beˈber

Wenn Sie wissen möchten, wie es Ihren Gästen schmeckt, können Sie fragen:

¿Te gusta? te ˈgusta	Schmeckt es dir?
¿Le gusta? le ˈgusta	Schmeckt es Ihnen?

So können Sie sich erkundigen, ob Ihre Gäste noch einen Nachschlag wollen:

¿Quieres más? ˈkjeres ˈmas	Möchtest du mehr?
¿Quiere un poco más? ˈkjere un ˈpoko ˈmas	Möchten Sie ein bisschen mehr?

Einkaufen

So können Sie Ihren Wunsch, einkaufen zu gehen, ausdrücken, und sich nach dem Weg zu den Geschäften erkundigen:

Queremos comprar regalos. keˈremos komˈprar reˈgalos	Wir möchten Geschenke kaufen.
¿Dónde puedo comprar regalos? ˈdonde ˈpuedo komˈprar reˈgalos	Wo kann ich Geschenke kaufen?
¿Dónde hay regalos buenos por aquí? ˈdonde ai reˈgalos ˈbuenos por aˈki	Wo gibt es hier in der Nähe gute Geschenke?
Necesito un regalo bonito, pero no quiero pagar demasiado. neθeˈsito un reˈgalo boˈnito ˈpero no ˈkjero paˈgar demaˈsjado	Ich brauche ein schönes, aber nicht zu teueres Geschenk.

Wenn Sie sich nicht sicher sind, wozu ein bestimmter Gegenstand dient, können Sie danach fragen und darum bitten, die Ware etwas genauer ansehen zu dürfen:

¿Para qué es esto? para ˈke es ˈesto   Wofür ist das?

¿Qué se hace con esto?   Was macht man hiermit?
ˈke se ˈaθe kon ˈesto

¿Por favor, puedo ver esto?   Darf ich bitte das hier
por faˈwor ˈpuedo wer ˈesto   ansehen?

Por favor, quiero ver esto.   Ich möchte bitte das hier
por faˈwor ˈkjero wer ˈesto   ansehen.

Vielleicht möchten Sie auch etwas Typisches aus der Region kaufen. Dann können Sie sagen:

Quiero comprar algo de aquí.   Ich möchte etwas von hier
ˈkjero komˈprar ˈalgo de aˈki   kaufen.

¿Esto es de aquí? ˈesto es de aˈki   Ist das von hier?

Landestipp

Ein typisches Souvenir aus Spanien ist z. B. ein Fächer (*abanico*) oder Kastagnetten (*castañuelas*). Häufig findet man auch Püppchen, die Flamenco-Tänzerinnen darstellen. Und am Meer kann man oft besonders schöne Muscheln (*conchas*) kaufen.

Urlaubsaktivitäten

Und so erkundigen Sie sich nach dem Preis des Gewünschten:

¿Cuánto cuesta esto? Wie viel kostet das?
ˈkuanto ˈkuesta ˈesto

Es mucho. es ˈmutscho Das ist teuer.

Es demasiado. es demaˈsjado Das ist zu teuer.

Quiero pagar menos por esto. Ich möchte weniger hierfür
ˈkjero paˈgar ˈmenos por ˈesto zahlen.

Lo compro por… [Zahl] Ich kaufe es für …
lo ˈkompro por

Die Zahlen finden Sie auf Seite 109.

Está bien. esˈta ˈbjen In Ordnung.

Landestipp

Wenn Ihnen eine Ware zu teuer erscheint, kann es sich an Straßenmarktständen durchaus lohnen, ein wenig zu verhandeln. Im Kaufhaus oder im Supermarkt ist dies allerdings genauso unüblich wie hierzulande.

Wenn Ihnen die angebotene Ware zusagt, können Sie sagen:

Me gustaría comprar esto. Ich würde gerne das hier
me gustaˈria komˈprar ˈesto kaufen.

Por favor, quiero esto. Ich möchte bitte das da.
por faˈwor ˈkjero ˈesto

Quiero esto. ˈkjero ˈesto   Ich möchte das hier.

También quiero esto.   Ich möchte auch das hier.
tamˈbjen ˈkjero ˈesto

Aber vielleicht sind Sie noch nicht hundertprozentig zufrieden.
Dann könnten Sie zum Beispiel sagen:

Está roto. esˈta ˈroto   Es ist kaputt.

No quiero uno roto.   Ich möchte kein Kaputtes.
ˈno ˈkjero ˈuno ˈroto

Es muy bonito, pero demasiado   Es ist sehr schön, aber zu
grande. es mui boˈnito ˈpero   groß.
demaˈsjado ˈgrande

Es muy bonito, pero cuesta   Es ist sehr schön, aber zu
demasiado. es mui boˈnito   teuer.
ˈpero ˈkuesta demaˈsjado

¿No tiene otro? no ˈtjene ˈotro   Haben Sie kein anderes?

¿No tiene otro más bonito?   Haben Sie kein schöneres?
no ˈtjene ˈotro mas boˈnito

¿No tiene otro menos grande?   Haben Sie kein kleineres?
no ˈtjene ˈotro ˈmenos ˈgrande

Vielleicht gefällt Ihnen das Angebotene aber überhaupt nicht,
und Sie möchten es gar nicht kaufen:

Gracias, pero no lo quiero.   Danke, aber ich möchte es
ˈgraθias ˈpero ˈno lo ˈkjero   nicht.

Gracias, pero no me gusta.   Danke, aber es gefällt mir
ˈgraθias ˈpero ˈno me ˈgusta   nicht.

No lo necesito.
ˈno lo neθeˈsito

Ich brauche es nicht.

No queremos comprar esto.
ˈno keˈremos komˈprar ˈesto

Wir möchten das hier nicht kaufen.

No voy a comprar esto.
ˈno woi a komˈprar ˈesto

Ich werde das hier nicht kaufen.

No quiero comprar nada.
ˈno ˈkjero komˈprar ˈnada

Ich möchte nichts kaufen.

Sehenswürdigkeiten und der Weg dorthin

Zunächst einmal sollten Sie sich erkundigen, welches die wichtigsten Sehenswürdigkeiten an Ihrem Urlaubsort sind:

¿Qué hay que ver aquí?
ˈke ai ke ˈwer aˈki

Was gibt es hier zu besichtigen?

¿Qué hay que ver por aquí?
ˈke ai ke ˈwer por aˈki

Was gibt es hier in der Gegend zu besichtigen?

¿Qué hay que ver cerca de aquí? ˈke ai ke ˈwer ˈθerka de aˈki

Was gibt es hier in der Nähe zu besichtigen?

¿Qué se puede ver aquí?
ˈke se ˈpuede ˈwer aˈki

Was kann man hier besichtigen?

Dann können Sie nach dem Weg dorthin fragen:

¿Cómo podemos ir?
ˈkomo poˈdemos ˈir

Wie können wir hinkommen?

¿Cómo hay que ir?
ˈkomo ai ke ˈir

Wie muss man gehen/fahren?

Hay que ir por aquí.
ˈai ke ˈir por aˈki

Man muss hier entlang.

¿Cómo se va a… [Name der Sehenswürdigkeit oder des Ortes]? ˈkomo se ˈwa a

Wie kommt man zu/ nach …?

Sprachtipp

Vor dem Namen von Sehenswürdigkeiten steht normalerweise der zugehörige bestimmte Artikel, z. B. bei *la Plaza Mayor*: *¿Cómo se va a la Plaza Mayor?* (Wie kommt man zur *Plaza Mayor*?). Hierbei müssen Sie beachten, dass der männliche bestimmte Artikel *el* mit *a* zur Form *al* verschmilzt. Daher heißt derselbe Satz für *el Prado*: *¿Cómo se va al Prado?* (Wie kommt man zum *Prado*?).
Ortsnamen haben in der Regel keinen Artikel, sodass die obige Frage dann ganz einfach heißen würde: *¿Cómo se va a Segovia?* (Wie kommt man nach Segovia?).

… [Sehenswürdigkeit/Ort] está por aquí? esˈta por aˈki

Geht es hier entlang zu/nach …?

… [Sehenswürdigkeit/Ort] está cerca de aquí?
esˈta ˈθerka de aˈki

Ist … hier in der Nähe?

Sí, está muy cerca.
ˈsi esˈta mui ˈθerka

Ja, es ist ganz in der Nähe.

… [Sehenswürdigkeit/Ort] es aquí? es aˈki

Ist hier …?

Sí, es aquí. ˈsi es aˈki

Ja, das ist hier.

No, no es aquí. ˈno ˈno es aˈki

Nein, das ist nicht hier.

Vielleicht sind Sie sich nicht sicher, ob Sie noch auf dem richtigen Weg sind. Dann können Sie sich danach erkundigen:

¿Estoy bien para ir a…
[Sehenswürdigkeit/Ort]?
es'toi 'bjen 'para 'ir a

Bin ich hier richtig auf dem Weg zu/nach …?

¿No estamos bien?
'no es'tamos 'bjen

Sind wir nicht auf dem richtigen Weg?

No, está mal. 'no es'ta 'mal

Nein, hier sind Sie falsch.

No, tiene que ir por aquí.
'no 'tjene ke 'ir por a'ki

Nein, Sie müssen hier lang.

Wenn Sie für Ihren Weg öffentliche Verkehrsmittel oder ein Taxi benutzen möchten, können Sie sich folgendermaßen nach einer Haltestelle, einem Bahnhof etc. erkundigen:

¿Dónde hay un…?
'donde ai un

Wo gibt es einen …/etc.?

tren	**autobús**	**táxi**
tren	auto'bus	'taksi

¿Dónde puedo entrar en el…?
'donde 'puedo en'trar en el

Wo kann ich in den … /etc. einsteigen?

tren	**autobús**	**metro**	**tranvía**
tren	auto'bus	'metro	tran'wia

Beim Fahrkartenkauf können Sie anschließend sagen:

Para uno, por favor. Für eine Person, bitte.
ˈpara ˈuno por faˈwor

Hasta… [Sehenswürdigkeit/Ort], Bis zu/nach …, bitte.
por favor. ˈasta… por faˈwor

Para dos, hasta… Bitte für zwei Personen
[Sehenswürdigkeit/Ort], zu/nach …
por favor. ˈpara ˈdos ˈasta…
por faˈwor

Por favor, quiero ir a… Ich möchte bitte zu/nach …
[Sehenswürdigkeit/Ort]
ˈpor faˈwor ˈkjero ir a

Vor Ort müssen Sie sich vielleicht erkundigen, ob Besichtigungen möglich sind, wie viel der Eintritt kostet etc.:

¿Se puede entrar? Kann man hineingehen?
se ˈpuede enˈtrar

¿Puedo entrar? ˈpuedo enˈtrar Kann ich hineingehen?

¿Podemos entrar aquí? Können wir hier
poˈdemos enˈtrar aˈki hineingehen?

¿Cuesta algo entrar? Kostet der Eintritt etwas?
ˈkuesta ˈalgo enˈtrar

¿Cuánto cuesta entrar aquí? Wie viel kostet der Eintritt
ˈkuanto ˈkuesta enˈtrar aˈki hier?

¿Por dónde se puede entrar? Wo kann man hinein?
por ˈdonde se ˈpuede enˈtrar

Hay que entrar por aquí. Man muss hier hinein.
ˈai ke enˈtrar por aˈki

¿Cuándo se puede entrar aquí?
ˈkuando se ˈpuede enˈtrar aˈki

Wann kann man hier hinein?

¿Qué hay que hacer para ver… [Sehenswürdigkeit]?
ˈke ai ke aˈθer ˈpara wer

Was muss man tun, um … zu sehen?

Gut möglich, dass Ihre spanische Begleitung Sie auf die eine oder andere Besonderheit aufmerksam machen möchte:

¿Lo ves? lo ˈwes

Siehst du es?

¿Lo puede ver? lo ˈpuede ˈwer

Können Sie es sehen?

Sí, lo puedo ver.
ˈsi lo ˈpuedo ˈwer

Ja, ich kann es sehen.

Lo veo muy bien.
lo ˈweo mui ˈbjen

Ich sehe es sehr gut.

No lo vemos bien.
ˈno lo ˈwemos ˈbjen

Wir sehen es nicht gut.

Se puede ver mejor de aquí.
se ˈpuede ˈwer meˈchor de aˈki

Von hier aus kann man es besser sehen.

Vielleicht haben Sie noch Fragen zu der einen oder anderen Sehenswürdigkeit oder möchten sich – gerade bei Kunstwerken – vielleicht nach Details erkundigen:

¿De quién es esto?
de ˈkjen es ˈesto

Von wem ist das da?

¿Cómo se llama esto?
ˈkomo se ˈjama ˈesto

Wie heißt das hier?

¿De cuándo es? de ˈkuando ˈes

Von wann ist das?

¿De qué año es? de ˈke ˈanjo ˈes

Aus welchem Jahr ist das?

Sprachtipp

Mit den Zahlen auf Seite 109 kann man ganz leicht eine Jahreszahl bilden: Für das vorige Jahrhundert nehmen Sie *mil novecientos* (tausend neunhundert), dann die Zehnerstelle (für 87 wäre das die 80, also *ochenta*) und fügen dann mit *y* (und) die Einerstelle an (bei 87 wäre das sieben, also *siete*). 1987 heißt auf Spanisch also *mil novecientos ochenta y siete*. Ab dem Jahr 2000 verwendet man *dos mil* (zweitausend) statt *mil novecientos*; 2004 heißt daher auf Spanisch *dos mil cuatro*.

Ausgehen

Wenn Sie sich eine Vorstellung in Ihrer Hotelanlage, der Oper etc. ansehen möchten, können Sie sich folgendermaßen nach dem Programm erkundigen:

¿Qué hay esta noche?
ˈke ai ˈesta ˈnotsche

Was läuft heute Abend?

¿Y qué hay mañana?
i ˈke ai maˈnjana

Und was läuft morgen?

¿De quién es? de ˈkjen ˈes

Von wem ist das?

¿Cuándo es? ˈkuando ˈes

Wann findet es statt?

¿Es bueno? es ˈbueno

Ist es gut?

¿Podemos ir? poˈdemos ˈir

Können wir hingehen?

¿Puedo ir hoy? ˈpuedo ˈir ˈoi

Kann ich heute hingehen?

¿Ya no puedo ir hoy?
ˈja no ˈpuedo ir ˈoi

Kann ich heute nicht mehr hingehen?

¿Podemos ir mañana?　　　　Können wir morgen
po'demos ir ma'njana　　　　　hingehen?

Auf einer Feier o. Ä. können Sie sich folgendermaßen erkundigen, ob jemand aufbrechen möchte:

¿Ya te vas? 'ja te 'was　　　　Gehst du schon?

¿También se va? tam'bjen se 'wa　　　Gehen Sie auch?

¿Ya te quieres ir? 'ja te 'kjeres 'ir　　Möchtest du schon gehen?

¿Ya se quiere ir? 'ja se 'kjere 'ir　　Möchten Sie schon gehen?

¿Cuándo te vas?　　　　Wann gehst du?
'kuando te 'was

¿Cuándo se va?　　　　Wann gehen Sie?
'kuando se 'wa

So können Sie sagen, ob und wann Sie selbst von einer Feier o. Ä. aufbrechen werden:

No me voy. 'no me 'woi　　　Ich gehe nicht.

No, no nos vamos. 'no 'no　　Nein, wir gehen nicht.
nos 'wamos

Sí, me voy. 'si me 'woi　　　Ja, ich gehe.

Sí, nos vamos a la una.　　Ja, wir gehen um eins.
'si nos 'wamos a la 'una

Me voy a ir luego.　　　Ich werde nachher gehen.
me 'woi a 'ir 'luego

Nos vamos a ir a las dos.　　Wir werden um zwei gehen.
nos 'wamos a 'ir a las 'dos

So können Sie nach den Gründen für den Aufbruch fragen:

¿Por qué te vas?   Warum gehst du?
por ˈke te ˈwas

¿Por qué se va ya?   Warum gehen Sie schon?
por ˈke se ˈwa ˈja

Sprachtipp

Por qué bedeutet wörtlich „wegen was" und wird wie das deutsche „warum" verwendet.

Und so können Sie begründen, warum Sie nicht länger bleiben können oder möchten:

Ya no tengo tiempo.   Ich habe keine Zeit mehr.
ˈja no ˈtengo ˈtjempo

Ya no quiero más.   Ich möchte nicht mehr.
ˈja no ˈkjero ˈmas

Ya no puedo más.   Ich kann nicht mehr.
ˈja no ˈpuedo ˈmas

Tengo que ir a la cama.   Ich muss ins Bett.
ˈtengo ke ˈir a la ˈkama

Ya es tiempo para ir a la cama.   Es ist schon Zeit, ins Bett zu gehen.
ˈja es ˈtjempo ˈpara ˈir a la ˈkama

Sich verabreden

So können Sie jemanden um eine Verabredung bitten:

¿Qué haces esta tarde?
ˈke ˈaθes ˈesta ˈtarde

Was machst du heute
Nachmittag/Abend?

> ### Sprachtipp
>
> Mit dem Wort *la tarde* bezeichnet man einen Zeitraum, der in etwa von ein, zwei Uhr nachmittags (also nach dem spanischen Mittagessen) bis sieben Uhr abends geht. Danach spricht man von *la noche* (Nacht).

¿Qué va a hacer mañana?
ˈke wa a aˈθer maˈnjana

Was machen Sie morgen?

¿Nos vemos luego?
nos ˈwemos ˈluego

Sehen wir uns nachher?

¿Nos vemos más tarde?
nos ˈwemos mas ˈtarde

Sehen wir uns später?

¿Nos vemos esta noche?
nos ˈwemos ˈesta ˈnotsche

Sehen wir uns heute
Abend/Nacht?

¿Nos vemos mañana?
nos ˈwemos maˈnjana

Sehen wir uns morgen?

¿Nos vemos mañana por la tarde? nos ˈwemos maˈnjana por la ˈtarde

Sehen wir uns morgen
Nachmittag/Abend?

¿Nos podemos ver luego?
nos poˈdemos wer ˈluego

Können wir uns nachher
sehen?

¿Nos podemos ver más tarde?
nos poˈdemos ˈwer mas ˈtarde

Können wir uns später
sehen?

¿Nos podemos ver a la una? nos po'demos 'wer a la 'una	Können wir uns um eins sehen?
¿Nos podemos ver mañana a las dos? nos po'demos 'wer ma'njana a las 'dos	Können wir uns morgen um zwei sehen?

Neben der Uhrzeit können Sie natürlich auch den Ort Ihrer Verabredung festlegen:

¿Nos vemos en…? 'nos 'wemos en   Sehen wir uns am …/etc.?

la playa	**la piscina**	**el bar**	**el restaurante**
la 'plaja	la pis'θina	el 'bar	el restau'rante

Und so können Sie einer Verabredung zustimmen:

Sí. si	Ja.
Sí, me gustaría mucho. 'si me gusta'ria 'mutscho	Ja, das fände ich sehr schön.
Sí, esta noche. 'si 'esta 'notsche	Ja, heute Abend/Nacht.
Sí, a las dos. 'si a las 'dos	Ja, um zwei.
Sí, mañana a la una de la tarde. 'si ma'njana a la 'una de la 'tarde	Ja, morgen Nachmittag um eins.
Sí, hoy puedo. 'si 'oi 'puedo	Ja, heute kann ich.
Sí, hoy tengo tiempo. 'si 'oi 'tengo 'tjempo	Ja, heute habe ich Zeit.

… oder eine Verabredung ablehnen:

No. no	Nein.
No, gracias. ˈno ˈgraθias	Nein, danke.
No, hoy no. ˈno ˈoi ˈno	Nein, heute nicht.
No, hoy no puedo. ˈno ˈoi no ˈpuedo	Nein, heute kann ich nicht.
No, hoy no tengo tiempo. ˈno ˈoi no ˈtengo ˈtjempo	Nein, heute habe ich keine Zeit.
No, no quiero. ˈno no ˈkjero	Nein, ich will nicht.

Wenn es im Urlaub funkt, können Sie sagen:

Me gustas. me ˈgustas	Du gefällst mir.
Me gustas mucho. me ˈgustas ˈmutscho	Du gefällst mir sehr gut.
Te quiero mucho. te ˈkjero ˈmutscho	Ich mag dich sehr gerne.

Und falls sogar mehr daraus wird, können Sie die berühmten drei Worte sagen – wobei es im Spanischen nur zwei sind:

Te quiero. te ˈkjero	Ich liebe dich.

Trotz Ihres begrenzten Wortschatzes können Sie auch ausdrücken, wie verliebt Sie sind:

Te necesito para vivir. te neθeˈsito ˈpara wiˈwir	Ich brauche dich, um zu leben.
Eres un regalo. ˈeres un reˈgalo	Du bist ein Geschenk.
No somos dos, somos uno. no ˈsomos ˈdos ˈsomos ˈuno	Wir sind nicht zwei, sondern eins.

Falls den Worten Taten folgen sollen, könnten Sie fragen:

¿Quieres ver mi habitación?
ˈkjeres ˈwer mi abitaˈθjon

Möchtest du mein Zimmer sehen?

¿Puedo ver tu habitación?
ˈpuedo ˈwer tu abitaˈθjon

Darf ich dein Zimmer sehen?

Wenn Sie eine Fortsetzung planen, können Sie zum Beispiel sagen:

¿Nos vemos en Alemania?*
nos ˈwemos en aleˈmania

Sehen wir uns in Deutschland?

¿Cuándo? ˈkuando

Wann?

Vielleicht möchten Sie aber auch einem Verehrer oder einer Verehrerin deutlich machen, dass aus Ihnen beiden nichts wird:

Te quiero mucho, pero ya estoy con otro/otra.
te ˈkjero ˈmutscho, ˈpero ja esˈtoi kon ˈotro/ˈotra

Ich mag dich sehr gerne, aber ich bin schon mit jemand anderem zusammen.

No puedo. no ˈpuedo
Estoy aquí con… [Name]
esˈtoi aˈki kon

Ich kann nicht.
Ich bin mit … hier.

No te quiero. ˈno te ˈkjero

Ich mag dich nicht.

¿No ves que no quiero?
no ˈwes ke no ˈkjero

Siehst du nicht, dass ich nicht möchte?

---

* **Austria** ˈaustria   Österreich
Suiza ˈsuiθa   Schweiz

Notfälle und Missgeschicke

Um Hilfe bitten

Leider kann auch im schönsten Urlaub etwas schief gehen. Dann können Sie jemanden so ganz allgemein um Hilfe bitten:

¿Me podrías ayudar?
me po'drias aju'dar

Könntest du mir helfen?

¿Me podría ayudar, por favor?
me po'dria aju'dar por fa'wor

Könnten Sie mir bitte helfen?

¿Me puede ayudar, por favor?
me 'puede aju'dar por fa'wor

Können Sie mir bitte helfen?

¿Me podrías ayudar con esto, por favor? me po'drias aju'dar kon 'esto por fa'wor

Könntest du mir bitte hiermit helfen?

¿Me podría ayudar a hacer esto, por favor?
me po'dria aju'dar a a'θer 'esto por fa'wor

Könnten Sie mir bitte helfen, dies zu tun?

¿Me puedes hacer un favor?
me 'puedes a'θer un fa'wor

Kannst du mir einen Gefallen tun?

¿Me podría hacer un favor?
me po'dria a'θer un fa'wor

Könnten Sie mir einen Gefallen tun?

¿Me haces un favor?
me 'aθes un fa'wor

Tust du mir einen Gefallen?

Vielleicht ist ja auch etwas verschwunden, das Ihnen gehört:

Mi... ya no está.
mi... ja no es'ta

Meine .../etc. ist nicht
mehr da.

bolso
'bolso

monedero
mone'dero

maleta
ma'leta

reloj
re'loch

Falls Sie selbst einen offensichtlich verlorenen Gegenstand finden sollten, können Sie in die Menge fragen:

¿De quién es esto?
de 'kjen es 'esto

Wem gehört das hier?

Wenn Sie sich verlaufen haben, können Sie sagen:

Me he perdido. me 'e per'dido

Ich habe mich verirrt.

Nos hemos perdido.
nos 'emos per'dido

Wir haben uns verirrt.

¿Cómo puedo ir a... [Ort]?
'komo 'puedo ir a

Wie kann ich nach ...
kommen?

¿Por dónde se va a... [Ort]?
por 'donde se wa a

Wo geht es nach ...?

¿Dónde estoy? 'donde es'toi

Wo bin ich?

¿Dónde estamos aquí?
'donde es'tamos a'ki

Wo sind wir hier?

Und wenn Sie professionelle Hilfe brauchen, können Sie folgendermaßen danach fragen:

¿Dónde está la...?
ˈdonde esˈta la

Wo ist die .../etc.?

policía
poliˈθia

oficina de turismo
ofiˈθina de tuˈrismo

> ### Landestipp
>
> Wenn Sie in Spanien in eine Notsituation geraten, können Sie die Polizei mit der Telefonnummer 091 landesweit anrufen. Unter der allgemeinen Notrufnummer 112 erreichen Sie Notarzt, Feuerwehr etc.

Krankheit

Wenn es Ihnen körperlich nicht gut geht, können Sie sagen:

No estoy bien. ˈno esˈtoi ˈbjen — Es geht mir nicht gut.

Estoy mal. esˈtoi ˈmal — Es geht mir schlecht.

Me duele todo. me ˈduele ˈtodo — Mir tut alles weh.

Necesito... neθe'sito   Ich brauche ...

un médico
un 'mediko

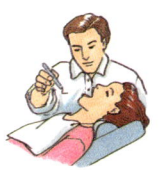

un dentista
un den'tista

una farmacia
'una far'maθia

una ambulancia
'una ambu'lanθia

Während der Arzt oder die Ärztin Sie untersucht, werden Sie vielleicht gefragt:

¿Qué le duele? 'ke le 'duele   Was tut Ihnen weh?

¿Dónde le duele?   Wo tut es Ihnen weh?
'donde le 'duele

Wenn Sie dann auf die Stelle zeigen, die Ihnen weh tut, können
Sie relativ genau sagen, was Ihnen fehlt:

Me duele aquí. me 'duele a'ki   Es tut mir hier weh.

Aquí me duele mucho.   Hier tut es mir sehr weh.
a'ki me 'duele 'mutscho

Aquí me duele más que aquí.   Hier tut es mir mehr weh
a'ki me 'duele 'mas ke a'ki   als hier.

Pero aquí no me duele nada.
ˈpero aˈki no me ˈduele ˈnada

Aber hier tut es mir überhaupt nicht weh.

Wenn nicht Sie selbst die Schmerzen haben, können Sie auf die betreffenden Körperteile Ihrer Begleitung zeigen und sagen:

Le duele aquí. le ˈduele aˈki

Es tut ihm/ihr hier weh.

Falls Sie während der Untersuchung große Schmerzen haben sollten, können Sie sagen:

Aquí me duele demasiado.
aˈki me ˈduele demaˈsjado

Hier tut es mir zu stark weh.

¡Cómo me duele!
ˈkomo me ˈduele

Das tut vielleicht weh!

Por favor, no aquí.
ˈpor faˈwor no aˈki

Bitte hier nicht.

¡Duele demasiado!
ˈduele demaˈsjado

Es tut zu sehr weh!

Wenn Sie vermuten, dass etwas gebrochen sein könnte, können Sie fragen:

¿Está roto? esˈta ˈroto

Ist es gebrochen?

¿Me he roto algo?
me e ˈroto ˈalgo

Habe ich mir etwas gebrochen?

Sprachtipp

Roto heißt nicht nur „kaputt". Wenn es sich auf Körperteile bezieht, bedeutet es „gebrochen".

Gut, wenn der Arzt oder die Ärztin nach der Untersuchung sagt:

No tiene nada. ˈno ˈtjene ˈnada   Ihnen fehlt nichts.

No es nada. ˈno es ˈnada   Es ist nichts.

Dann haben Sie Grund zur Erleichterung:

¡Menos mal!* ˈmenos mal   Zum Glück!

Schlecht hingegen, wenn die Diagnose lautet:

Usted está muy mal.   Es geht Ihnen sehr schlecht.

Aber vielleicht können Sie schon bei der nächsten Untersuchung sagen:

Ya no me duele mucho.   Es tut mir nicht mehr sehr weh.
ˈja no me ˈduele ˈmutscho

Ya no me duele.   Es tut mir nicht mehr weh.
ˈja no me ˈduele

---

* Achtung feste Wendung:
  ¡Menos mal! ˈmenos mal   Zum Glück!

Missgeschicke

Falls Ihnen oder Ihrer Begleitung irgendein Missgeschick passiert sein sollte, können Sie sich folgendermaßen dafür entschuldigen:

Perdón. perˈdon

Entschuldigung.

Perdón por todo.
perˈdon por ˈtodo

Entschuldigung für alles.

Perdón por todo esto.
perˈdon por ˈtodo ˈesto

Entschuldigung für all das.

Spezifischer können Sie z.B. auch sagen:

Perdón, he roto la cama.
perˈdon e ˈroto la ˈkama

Entschuldigung, ich habe das Bett kaputtgemacht.

Perdón, he roto…
perˈdon e ˈroto

Entschuldigung, ich habe … kaputtgemacht.

la lámpara
la ˈlampara

el televisor
el telewiˈsor

la ducha
la ˈdutscha

Perdón, he perdido…
per'don e per'dido

Entschuldigung,
ich habe … verloren.

la llave
la 'jawe

el secador de pelo
el seka'dor de 'pelo

Und so können Sie eine Wiedergutmachung anbieten:

¿Lo puedo pagar?
lo 'puedo pa'gar

Kann ich es bezahlen?

Lo voy a pagar. lo 'woi a pa'gar

Ich werde es bezahlen.

¿Podemos comprar otro?
po'demos kom'prar 'otro

Können wir einen Ersatz
dafür kaufen?

Voy a comprar otro.
'woi a kom'prar 'otro

Ich werde einen neuen/ein
neues kaufen.

Vamos a comprar otra.
'wamos a kom'prar 'otra

Wir werden eine neue
kaufen.

Wörterbuch

A

a a nach; zu
el abanico el abaˈniko
Fächer
Adiós. aˈdjos
Auf Wiedersehen./Tschüs.
el agua mineral
el ˈagua mineˈral
Mineralwasser
Alemania aleˈmania
Deutschland
las aletas las aˈletas Flossen
algo ˈalgo etwas
la ambulancia
la ambuˈlanθia
Krankenwagen
el anillo el aˈnijo Ring
el año el ˈanjo Jahr
aquí aˈki hier
el ascensor el asθenˈsor
Aufzug
Austria ˈaustria Österreich
el autobús el autoˈbus Bus
ayudar ajuˈdar helfen

B

la bañera la baˈnjera
Badewanne
el bar el ˈbar Bar
beber beˈber trinken
bien bjen gut

la blusa la ˈblusa Bluse
el bolso ˈbolso Tasche
bonito boˈnito schön
bueno ˈbueno gut

C

el café el kaˈfe Kaffee
el calor el kaˈlor Wärme;
Hitze
la cama la ˈkama Bett
las castañuelas
las kastaˈnjuelas
Kastagnetten
la cena la ˈθena
Abendessen
cerca ˈθerka in der Nähe
la cerveza la θerˈweθa
Bier
el chorizo el tschoˈriθo
scharfe Paprikasalami
la ciudad la θiuˈdaθ Stadt
come ˈkome er/sie/es isst;
Sie essen [Einzahl]
comer koˈmer essen
la comida la koˈmida
(Mittag)Essen
cómo ˈkomo wie
comprar komˈprar kaufen
compro ˈkompro ich kaufe
con kon mit

la concha la¹ kontscha
  Muschel
la corbata la kor¹bata
  Krawatte
costar kos¹tar kosten
cuándo ¹kuando wann
cuánto ¹kuanto wie viel
el cuchillo el ku¹tschijo
  Messer
cuesta ¹kuesta es kostet
cuestan ¹kuestan sie kosten

D

de de aus; von
demasiado dema¹sjado
  zu viel, allzu
de nada de ¹nada bitte;
  gern geschehen
el dentista el den¹tista
  Zahnarzt
el desayuno el
  desa¹juno Frühstück
el día el ¹dia Tag
dónde ¹donde wo
dormir dor¹mir schlafen
dos dos zwei
la ducha la ¹dutscha Dusche
duele ¹duele es tut weh

E

el el der
la empanada la empa¹nada
  gefüllte Pastete
en en in

la ensalada la ensa¹lada
  Salat
entrar en¹trar hineingehen
eres ¹eres du bist
es es er/sie/es ist; Sie sind
  [Einzahl]
estado es¹tado gewesen
está es¹ta er/sie/es ist;
  Sie sind [Einzahl]
¡Está bien! es¹ta bjen
  In Ordnung!
esta ¹esta diese
estamos es¹tamos wir sind
estar es¹tar sein
estás es¹tas du bist
estas ¹estas diese
este ¹este dieser
esto ¹esto das hier; das da
estos ¹estos diese
estoy es¹toi ich bin

F

la farmacia la
  far¹maθia Apotheke
el favor el fa¹wor
  der Gefallen
el flamenco el fla¹menko
  spanischer Tanz

G

las gafas de sol
  las ¹gafas de ¹sol
  Sonnenbrille
la galleta la ga¹jeta Keks

el gazpacho el gaθ¹patscho
  kalte Suppe
Gracias. ¹graθias Danke.
grande ¹grande groß
gusta ¹gusta er/sie/es gefällt;
  Sie gefallen [Einzahl]
gustar gus¹tar gefallen
gustaría gusta¹ria er/sie/es
  würde gefallen
gustas ¹gustas du gefällst

H

la habitación la
  abita¹θjon Zimmer
hace ¹aθe er/sie/es macht;
  Sie machen [Einzahl]
hacemos a¹θemos wir
  machen
hacer a¹θer tun, machen
haces ¹aθes du machst
hago ¹ago ich mache
hasta ¹asta bis
hay ai es gibt
hay que ¹ai ke man muss
he e ich bin; ich habe
el helado el e¹lado Eis
hemos ¹emos wir sind; wir
  haben
Hola. ¹ola Hallo.
hoy oi heute

I

la iglesia la ig¹lesia Kirche
ir ir gehen; fahren

J

el jamón serrano
  el cha¹mon ser¹rano
  luftgetrockneter Schinken

L

la ♀ la die [Einzahl]
la lámpara la ¹lampara
  Lampe
el lavabo el la¹wabo Wasch-
  becken
le le ihm/ihr/ihn; Ihnen/Sie
la llave la ¹jawe Schlüssel
lo lo ihn/sie/es
los ♂ los die [Mehrzahl]
luego ¹luego später, nachher

M

mal mal schlecht
la maleta la ma¹leta Koffer
mañana ma¹njana morgen
la mañana la ma¹njana der
  Morgen
más mas mehr
me me mir, mich
me llamo me ¹jamo ich heiße
el médico el ¹mediko Arzt
mejor me¹chor besser
menos ¹menos weniger
¡Menos mal! ¹menos mal
  Zum Glück!
el metro el ¹metro U-Bahn
mi mi mein/meine [Einzahl]

el monedero el mone'dero
  Geldbeutel
mucho 'mutscho viel
muy mui sehr

N

nada 'nada nichts
necesitamos neθesi'tamos
  wir brauchen
necesitar neθesi'tar
  brauchen
necesito neθe'sito
  ich brauche
la nevera la ne'wera
  Kühlschrank
no no nein; nicht; kein/keine
la noche la 'notsche Nacht
nos nos uns

O

la oficina de turismo
  la ofi'θina de tu'rismo
  das Fremdenverkehrsamt
otro 'otro ein anderer/ande-
  res; noch ein

P

la paella la pa'eja *spanische
  Reispfanne*
pagar pa'gar zahlen
para 'para für; um zu
para qué 'para 'ke wofür

perdido per'dido verloren;
  verirrt
Perdón. per'don
  Entschuldigung.
pero 'pero aber
la piscina la pis'θina
  Schwimmbad, Swimming-
  pool
el plato el 'plato Teller
la playa la 'plaja Strand
poco 'poko wenig
podemos po'demos
  wir können
poder po'der können;
  dürfen
podría po'dria
  ich/er/sie/es könnte;
  Sie könnten [Einzahl]
podrías po'drias
  du könntest
la policía la poli'θia
  Polizei
por por für; während
por favor por fa'wor bitte
por qué por 'ke warum
puede 'puede er/sie/es
  kann; Sie können
  [Einzahl]
puedes 'puedes du kannst
puedo 'puedo ich kann

Q

que ke als; was; der/die/
  das; welcher/welche/
  welches

qué ke was?, welcher/
welche/welches?
[Fragewort]; wie ...! [Ausruf]
queremos ke'remos
wir möchten
querer ke'rer mögen;
wollen; lieben
quién kjen wer
quiere 'kjere er/sie/es
möchte; Sie möchten
[Einzahl]
quieres 'kjeres du möchtest
quiero 'kjero ich möchte

R

el regalo el re'galo
Geschenk
el reloj el re'loch Uhr
el restaurante el restau'rante
Restaurant
roto 'roto kaputt; gebrochen

S

se se sich; man
se llama se 'jama er/sie/es
heißt; Sie heißen [Einzahl]
el secador de pelo
el seka'dor de 'pelo Fön
ser ser sein
sí si ja
la siesta la 'sjesta
Mittagsschlaf
el sombrero el som'brero
Hut

somos 'somos wir sind
son son sie sind
la sopa la 'sopa Suppe
soy soi ich bin
su su sein/ihr; Ihr; seine/
ihre; Ihre [Einzahl]
Suiza 'suiθa Schweiz

T

también tam'bjen auch
las tapas las 'tapas *kleine
Gerichte in Bars*
tarde 'tarde spät
la tarde la 'tarde
Nachmittag, Abend
el táxi el 'taksi Taxi
te te dich
te llamas te 'jamas du heißt
el teléfono el te'lefono
Telefon
el televisor el telewi'sor
Fernseher
el tenedor el tene'dor Gabel
tenemos te'nemos
wir haben
tener te'ner haben
tener que te'ner ke
müssen
tengo 'tengo ich habe
el tiempo el 'tjempo Zeit;
Wetter
tiene 'tjene er/sie/es hat;
Sie haben [Einzahl]
tienes 'tjenes du hast
todo 'todo alles

¡Todo lo mejor!
ˈtodo lo meˈchor Alles Gute!
la tortilla de patatas
la torˈtija de paˈtatas
Kartoffelomelett
el tranvía el tranˈwia
Straßenbahn
el tren el tren Zug
tu tu dein/deine [Einzahl]

U

un un ein
una ˈuna eine
uno ˈuno eins; einen/eines
usted usˈteθ Sie [Einzahl]

V

va ˈwa er/sie/es geht;
Sie gehen [Einzahl]
vamos ˈwamos wir gehen
vas was du gehst
el vaso el ˈwaso Glas
vemos ˈwemos wir sehen
el ventilador el
wentilaˈdor Ventilator
veo weo ich sehe
ver wer sehen; treffen
ves wes du siehst
el vestido el wesˈtido Kleid
el vino el ˈwino Wein
vive ˈwiwe er/sie/es lebt; Sie
leben [Einzahl]
vives ˈwiwes du lebst
vivimos wiˈwimos wir leben

vivir wiˈwir leben
vivo ˈwiwo ich lebe
voy woi ich gehe

W

el wáter el ˈwater Toilette

Y

y i und
ya ja schon
yo jo ich

Wörterbuch

Zahlen

0	1	2	3
cero	**uno**	**dos**	**tres**
ˈθero	ˈuno	dos	tres

4	5	6	7
cuatro	**cinco**	**seis**	**siete**
ˈkuatro	ˈθinko	seis	ˈsjete

8	9	10	11
ocho	**nueve**	**diez**	**once**
ˈotscho	ˈnuewe	djeθ	ˈonθe

12	13	14	15
doce	**trece**	**catorce**	**quince**
ˈdoθe	ˈtreθe	kaˈtorθe	ˈkinθe

16	17	18	19
dieciséis	**diecisiete**	**dieciocho**	**diecinueve**
djeθiˈseis	djeθiˈsjete	djeθiˈotscho	djeθiˈnuewe

20	21	22	30
veinte	**veintiuno**	**veintidos**	**treinta**
ˈweinte	weintiˈuno	weintiˈdos	ˈtreinta

31	40	41	50
treinta y uno	**cuarenta**	**cuarenta y uno**	**cincuenta**
ˈtreintaiˈuno	kuaˈrenta	kuaˈrentaiˈuno	θinˈkuenta

51	60	61	70
cincuenta y uno	**sesenta**	**sesenta y uno**	**setenta**
θinˈkuentaiˈuno	seˈsenta	seˈsentaiˈuno	seˈtenta

71	80	81	90
setenta y uno	**ochenta**	**ochenta y uno**	**noventa**
seˈtentaiˈuno	oˈtschenta	oˈtschentaiˈuno	noˈwenta

91	100	101	200
noventa y uno	**cien**	**ciento uno**	**doscientos**
noˈwentaiˈuno	θjen	ˈθjento ˈuno	dosˈθjentos

1000	2000	679
mil	**dos mil**	**seiscientos setenta y nueve**
mil	dos ˈmil	seisˈθjentos seˈtentaiˈnuewe

Sprachtipp

Bei Zahlen über 20, die auf -*uno* enden, heißt es vor einem Hauptwort <u>immer</u> -*ún*: *veintiún regalos* (21 Geschenke), *veintiún habitaciones* (21 Zimmer).

Obwohl man Zahlen wie *treinta y uno* (31) oder *cuarenta y uno* (41) etc. als drei Wörter schreibt, werden sie ohne Pause in einem einzigen Zug gesprochen.

Wochentage

Montag	Dienstag	Mittwoch	Donnerstag
lunes	**martes**	**miércoles**	**jueves**
ˈlunes	ˈmartes	ˈmjerkoles	ˈchuewes

Freitag	Samstag	Sonntag
viernes	**sábado**	**domingo**
ˈwiernes	ˈsabado	doˈmingo

Sprachtipp

Die spanischen Wochentage werden immer zusammen mit dem männlichen Artikel *el* verwendet.